Ética e Estatuto da OAB

O GEN | Grupo Editorial Nacional – maior plataforma editorial brasileira no segmento científico, técnico e profissional – publica conteúdos nas áreas de concursos, ciências jurídicas, humanas, exatas, da saúde e sociais aplicadas, além de prover serviços direcionados à educação continuada.

As editoras que integram o GEN, das mais respeitadas no mercado editorial, construíram catálogos inigualáveis, com obras decisivas para a formação acadêmica e o aperfeiçoamento de várias gerações de profissionais e estudantes, tendo se tornado sinônimo de qualidade e seriedade.

A missão do GEN e dos núcleos de conteúdo que o compõem é prover a melhor informação científica e distribuí-la de maneira flexível e conveniente, a preços justos, gerando benefícios e servindo a autores, docentes, livreiros, funcionários, colaboradores e acionistas.

Nosso comportamento ético incondicional e nossa responsabilidade social e ambiental são reforçados pela natureza educacional de nossa atividade e dão sustentabilidade ao crescimento contínuo e à rentabilidade do grupo.

Pamela **Krug**

COORDENAÇÃO
Renee do Ó **Souza**

COLEÇÃO
MÉTODO
ESSENCIAL

Ética e Estatuto da OAB

2ª EDIÇÃO REVISTA, ATUALIZADA E REFORMULADA

EDITORA
MÉTODO

K95e
2. ed.

Krug, Pamela
Ética e estatuto da OAB / Pamela Krug; coordenação Renee do Ó Souza. – 2. ed., rev., atual. e reform. – Rio de Janeiro: Método, 2022.
240 p.; 21 cm. (Método essencial)

Inclui bibliografia
ISBN 978-65-5964-531-2

1. Brasil. [Código de ética e disciplinar da Ordem dos advogados do Brasil (2015)]. 2. Ordem dos advogados do Brasil – Estatutos. 3. Advogados – Estatuto legal, leis, etc. – Brasil. 4. Ética jurídica – Brasil. I. Souza, Renee do Ó. II. Título. III. Série.

22-77592   CDU: 347.965.8(81)

Meri Gleice Rodrigues de Souza – Bibliotecária – CRB-7/6439

Respeite o direito autoral

Sumário

Capítulo 6

Capítulo 7

Capítulo 8

Capítulo 9

Honorários do advogado 103

Capítulo 10

Incompatibilidades e impedimentos 119

Capítulo 11

OAB – características, finalidades e órgãos 129

Capítulo 12

Eleições de membros da OAB e mandato 167

Capítulo 13

Infrações e sanções disciplinares 185

Capítulo 14

1

Introdução, mandamentos e deveres do advogado

Cabe ao advogado, no exercício da advocacia e em atenção à dignidade da profissão, além de observar princípios da moral individual, social e profissional, e os Provimentos da Ordem dos Advogados do Brasil (OAB), conforme disposição do art. 1º do Código de Ética e Disciplina (CED), respeitar e cumprir o disposto nos diplomas a seguir indicados:

- **Estatuto da Advocacia e a Ordem dos Advogados do Brasil (EAOAB):** dispõe sobre as normas gerais aplicadas ao exercício da advocacia. Por se tratar de uma lei ordinária, a nº 8.906, de 4 de julho de 1994, aprovada pelo Congresso Federal, o Estatuto não poderá ser alterado pelo Conselho Federal da OAB.
- **Regulamento Geral do Estatuto da Advocacia e da OAB (RGEAOAB):** possui como objetivo a regulamentação de normas específicas para o exercício da advocacia. Embora o regramento seja, originalmente, de 1994, o RGEAOAB vem tendo, habitualmente, artigos alterados e inseridos, ou seja, é regularmente atualizado por Resoluções da OAB.

■ **CED:** possui *status* de ato normativo infralegal, e objetiva regulamentar direitos e deveres dos advogados, regras de processo administrativo disciplinar e quesitos de publicidade para o exercício da advocacia.

1.1 Mandamentos

Os mandamentos norteadores do CED, previstos no seu preâmbulo, são inspirados em princípios relacionados à consciência profissional e que representam imperativos norteadores da conduta – profissional e pessoal – dos integrantes da advocacia. Tais mandamentos consistem, em suma:

■ na luta sem receio pelo primado da Justiça;
■ na busca pelo cumprimento da Constituição (CF/1988) e pelo respeito à lei, mediante intepretação com retidão do ordenamento jurídico, em sintonia com os fins sociais a que se dirige e exigências do bem comum;
■ na fidelidade à verdade para que possa servir à Justiça como um dos seus elementos essenciais;
■ na observância da lealdade e boa-fé tanto nas relações profissionais quanto em todos os atos do seu ofício;
■ no empenho na defesa das causas confiadas ao seu patrocínio;
■ no comportamento, no exercício da advocacia, com independência e altivez, defendendo com a mesma bravura humildes e poderosos;
■ no exercício da advocacia com o indispensável senso profissional e desprendimento, jamais permitindo que o anseio de ganho material do advogado se sobreponha à finalidade social do seu trabalho;
■ no aprimoramento no culto de princípios éticos e domínio da ciência jurídica, com o intuito de se tornar merecedor da

confiança do cliente e da sociedade como um todo, pelos seus atributos profissionais e integridade pessoal; e

■ na observância da dignidade e correção dos profissionais que honram e engrandecem a sua classe pelos advogados.

1.2 Deveres dos advogados

Os arts. 1º a 7º do CED apresentam os princípios fundamentais da advocacia e consistem, em síntese, na indicação dos deveres dos advogados no exercício da profissão. Previstos no parágrafo único do art. 2º do CED, são deveres dos advogados:

■ **Preservar, em sua conduta, a honra, a nobreza e a dignidade da profissão, zelando pelo caráter de essencialidade e indispensabilidade da advocacia:** ou seja, cabe ao advogado zelar pela atribuição que lhe foi concedida no art. 133 da CF/1988.

■ **Atuar com destemor, independência, honestidade, decoro, veracidade, lealdade, dignidade e boa-fé:** é a observância deste inciso II e do acima indicado – especialmente no que diz respeito ao zelo pelo caráter essencial e indispensável da advocacia e atuação com destemor e independência relaciona-se com os arts. 6º e 31, § 2º, do EAOAB – que **estabelecem a inexistência de hierarquia ou subordinação entre advogados, membros do Ministério Público e magistrados** e a possibilidade de atuação destemida do advogado sem que o receio de desagradar o magistrado ou qualquer autoridade, nem de incorrer em impopularidade o detenha no exercício da sua profissão.

■ **Velar por sua reputação pessoal e profissional:** essa preocupação se dá tendo em vista que as imagens pessoal e profissional de um determinado advogado podem se mesclar e refletir na imagem de toda a classe de advogados. Cabe a cada um guardar a sua reputação em respeito à classe e à sua própria imagem, procedendo de forma que o torne merecedor de prestígio e que contribua para o prestígio da classe e da advocacia como um todo.

■ **Empenhar-se, permanentemente, no aperfeiçoamento pessoal e profissional:** o aperfeiçoamento pessoal e profissional é mais do que uma simples conduta esperada dos advogados, mas um dever previsto expressamente no CED.

■ **Contribuir para o aprimoramento das instituições, do direito e das leis:** este dever se dá em razão da relevante função social da atividade exercida.

■ **Estimular, a qualquer tempo, a conciliação e a mediação entre os litigantes, prevenindo, sempre que possível, a instauração de litígios:** o dispositivo determina, ainda, o estímulo à composição antes mesmo do ajuizamento da ação, como forma de prevenção e "desjudicialização" de litígios.

■ **Desaconselhar lides temerárias, a partir de um juízo preliminar de viabilidade jurídica:** cabe ao advogado, como primeiro juiz da causa, analisar preliminarmente a viabilidade jurídica das pretensões dos seus clientes, ponderando as chances de êxito e riscos da demanda, e desaconselhar o ajuizamento de lides temerárias (desprovidas de fundamentação jurídica e ajuizadas visando exclusivamente causar prejuízos à parte contrária).

■ **Abster-se de:** enquanto os incisos I a VII apresentaram como deveres dos advogados a realização de condutas positivas, o inciso VIII traz condutas **negativas**, as quais o advogado deve abster-se de realizar.

    a) **Utilizar de influência indevida, em seu benefício ou do cliente:** o advogado não pode utilizar de influências indevidas que possua em seu benefício ou do cliente.

    b) **Vincular seu nome ou nome social a empreendimentos sabidamente escusos:** não se trata da proibição de vinculação do nome a empreendimentos de cunho aparentemente duvidoso, mas, sim, aqueles que o advogado possui conhecimento efetivo da ilicitude.

c) **Emprestar concurso aos que atentem contra a ética, a moral, a honestidade e a dignidade da pessoa humana:** ao advogado é vedado atuar em conjunto e cooperar com pessoas que atentem contra a ética, a moral, a honestidade e a dignidade da pessoa humana.

d) **Entender-se diretamente com a parte adversa que tenha patrono constituído, sem o assentimento deste:** o advogado deve abster-se de realizar contato diretamente com a parte contrária que tenha advogado constituído sem a anuência deste advogado.

e) **Ingressar ou atuar em pleitos administrativos ou judiciais perante autoridades com as quais tenha vínculos negociais ou familiares:** este é um desdobramento da determinação prevista na alínea *a* do inciso VIII do art. 2º do CED, que trata da impossibilidade de utilização de influência indevida pelos advogados.

f) **Contratar honorários advocatícios em valores aviltantes:** os valores aviltantes são entendidos conforme o art. 48, § 6º, do CED e assim considerados honorários fixados em importe inferior ao valor mínimo previsto na Tabela de Honorários instituída pelo respectivo Conselho Seccional do local onde realizará os serviços.

■ **Pugnar pela solução dos problemas da cidadania e pela efetivação dos direitos individuais, coletivos e difusos:** esta conduta esperada dos advogados relaciona-se ao seu *munus publico* e à sua indispensabilidade prevista constitucionalmente.

■ **Adotar conduta consentânea com o papel de elemento indispensável à administração da Justiça:** a previsão relaciona-se com o disposto nos arts. 133 da CF/1988, e 2º, § 1º, do EAOAB, e reforça a indispensabilidade do advogado.

■ **Cumprir os encargos assumidos no âmbito da OAB ou na representação da classe:** quando nomeado para o exercício de cargo ou eleito para mandato na OAB, deverá o advogado cumprir realizar as atribuições necessárias para o cumprimento deste encargo assumido.

■ **Zelar pelos valores institucionais da OAB e da advocacia:** os valores institucionais da advocacia estão previstos no art. 44, incisos I e II, do EAOAB e revelam-se pela defesa a) da Constituição, b) da ordem jurídica do Estado Democrático de Direito, c) de direitos humanos e justiça social, bem como pela d) busca da boa aplicação das leis, e) rápida administração da justiça e f) aperfeiçoamento da cultura e das instituições jurídicas.

■ É valor institucional da OAB e da advocacia, ainda, a promoção, com exclusividade, da representação, defesa, seleção e disciplina dos advogados em toda a República Federativa do Brasil.

■ **Ater-se, quando no exercício da função de defensor público, à defesa dos necessitados:** o advogado poderá ser nomeado para exercer a atividade de defensor dativo em casos em que a Defensoria Pública estiver impossibilitada de atuar.

Além dos deveres previstos nos incisos do parágrafo único do art. 2° do CED e indicados anteriormente, ainda com relação aos "Princípios Fundamentais" da advocacia, o art. 3° do diploma mencionado dispõe que **cabe ao advogado ter a consciência de que o Direito é um meio de suavizar as desigualdades para o encontro de soluções justas, sendo a lei um instrumento de garantia da igualdade de todos.**

Assim, para o exercício da sua função pública constitucionalmente prevista, o advogado deve zelar pela sua liberdade e independência funcional, mesmo vinculado ao cliente ou constituinte, inserido no contexto de uma relação empregatícia, contrato de prestação permanente de serviços ou como integrante de departamento jurídico ou de órgão de assessoria jurídica, conforme disposto no *caput* do art. 4° do CED.

Nesse contexto, a independência funcional, mais do que um direito, é um dever do advogado, sendo **legítima a recusa** do patrocínio de causa ou manifestação consultiva de pretensão relativa a direito que também lhe seja aplicável ou contrarie orientação que tenha manifestado anteriormente.

Por fim, dentre os deveres dos advogados estão a **proibição** de i) expor fatos em juízo ou na via administrativa utilizando de má-fé ou alterando deliberadamente a verdade, e ii) oferecer serviços profissionais que impliquem direta ou indiretamente a captação ou angariamento de clientela.

1.3 Advocacia pública

Os advogados exercentes da advocacia pública se sujeitam aos deveres dos advogados e devem observar as normas do CED, do EAOAB e do Regulamento Geral – além do regime próprio a que se subordinem. Tais advogados não exercem atividades incompatíveis com a advocacia, razão pela qual lhes é permitido integrar os órgãos da OAB.

Compõem a advocacia pública os integrantes da(s):

Advocacia-Geral da União	Procuradoria da Fazenda Nacional	Defensoria Pública

Procuradorias e Consultorias Jurídicas dos Estados, do Distrito Federal, dos Municípios e respectivas entidades de administração

Resumo

São deveres dos advogados:

- Preservar a honra, a nobreza e a dignidade da profissão.
- Atuar com destemor, independência, honestidade, decoro, veracidade, lealdade, dignidade e boa-fé.
- Velar por sua reputação pessoal e profissional.
- Empenhar-se no aperfeiçoamento pessoal e profissional.
- Contribuir para o aprimoramento das instituições, do direito e das leis.
- Estimular a conciliação e a mediação entre os litigantes.
- Desaconselhar lides temerárias.
- Buscar a solução dos problemas da cidadania e a efetivação dos direitos individuais, coletivos e difusos.
- Adotar conduta de acordo com o papel de elemento indispensável à administração da Justiça.
- Cumprir os encargos assumidos no âmbito da OAB.
- Zelar pelos valores institucionais da OAB e da advocacia.
- Ater-se, quando no exercício da função de defensor público, à defesa dos necessitados.

O advogado deve abster-se de:

- Utilizar-se de influência indevida.
- Vincular seu nome ou nome social a empreendimentos sabidamente escusos.
- Emprestar concurso aos que atentem contra a ética, a moral, a honestidade e a dignidade da pessoa humana.
- Entender-se diretamente com a parte adversa que tenha patrono constituído, sem o assentimento deste.
- Ingressar ou atuar em pleitos administrativos ou judiciais perante autoridades com as quais tenha vínculos negociais ou familiares.
- Contratar honorários advocatícios em valores aviltantes.
- Expor fatos em juízo ou na via administrativa utilizando-se de má--fé ou alterando deliberadamente a verdade.

■ Oferecer serviços profissionais que impliquem direta ou indiretamente a captação ou o angariamento de clientela.

■ Patrocinar causa ou manifestação consultiva de pretensão relativa a direito que também lhe seja aplicável ou contrarie orientação que tenha manifestado anteriormente.

Compõem a advocacia pública:

■ Advocacia-Geral da União.

■ Procuradoria da Fazenda Nacional.

■ Defensoria Pública.

■ Procuradorias e Consultorias Jurídicas dos Estados, do Distrito Federal, dos Municípios e entidades de administração direta e fundacional.

2

Atividade de advocacia

Conforme exposto anteriormente, o art. 133 da CF/1988 dispôs que "o advogado é indispensável à administração da justiça, sendo inviolável por seus atos e manifestações no exercício da profissão, nos limites da lei" e, diante de tal indispensabilidade, existem atividades que apenas podem ser realizadas por advogados.

De acordo com a previsão do art. 3º-A do EAOAB, inserido pela Lei nº 14.039/2020, os serviços profissionais de advogado são, por sua natureza, técnicos e singulares, quando comprovada sua notória especialização, nos termos da lei. Diante da indispensabilidade constitucional dos advogados, existem atividades que apenas podem ser realizadas por eles. São os atos a seguir descritos.

2.1 Atos privativos

Consistem, em síntese, na postulação em juízo, no exercício de consultoria, assessoria, direção e gerência jurídica, e em visar atos constitutivos de pessoas jurídicas.

■ Postulação em órgão do Poder Judiciário e Juizados Especiais

De acordo com o disposto no art. 1º, inciso I, do EAOAB,[1] a postulação em órgão do Poder Judiciário e Juizados Especiais é atividade privativa da advocacia, e, portanto, **em regra**, apenas os advogados possuem capacidade postulatória para atuar em juízo.

Contudo, tal regra comporta algumas exceções, na medida em que não haverá necessidade de advogado nas situações em que uma lei específica ou jurisprudência dispensarem expressamente – **essa dispensa não pode ser tácita** – a necessidade de um advogado. Na sequência estão elencadas as principais exceções à exclusividade postulatória da advocacia.

a) Consolidação das Leis do Trabalho (CLT) – Justiça do Trabalho

A CLT prevê, no seu art. 791, que empregados e empregadores podem postular diretamente perante a Justiça do Trabalho, sem a indicação da necessidade de representação por um advogado. Essa possibilidade de as partes atuarem em juízo sem o acompanhamento de um advogado é conhecida como *jus postulandi* da Justiça do Trabalho.

Embora o artigo permita que as partes acompanhem suas reclamações até o final, a jurisprudência trabalhista mitigou essa determinação na Súmula nº 425 do Tribunal Superior do Trabalho (TST), trazendo para o ordenamento jurídico as "exceções da exceção": em regra, empregado e empregador poderão postular até o final do processo sem o acompanhamento de um advogado, **desde que** o

---

[1] A redação original do inciso I do art. 1º, EOAB previa ser atividade privativa da advocacia a postulação em "qualquer" órgão do Poder Judiciário. Contudo, o Supremo Tribunal Federal (STF), na ADI nº 1.127-8, julgou inconstitucional a expressão "qualquer" do dispositivo.

processo tramite exclusivamente na Vara do Trabalho e no Tribunal Regional do Trabalho (TRT), e a partir do momento em que o processo passa a tramitar no TST, a parte necessariamente deverá ser acompanhada por um advogado, além de o *jus postulandi* não alcançar a ação rescisória, a ação cautelar e o mandado de segurança.

Regra – Desnecessidade de advogado	Exceção – Necessidade de advogado
■ Art. 791, CLT	■ Súmula n° 425, TST
■ Empregados e empregadores poderão reclamar pessoalmente em juízo perante a Justiça do Trabalho	■ Macete: M-A-R-A
	☐ Mandado de Segurança
	☐ Ação rescisória
■ Varas do Trabalho e TRT	☐ Recursos do TST
	☐ Ação cautelar

b) Lei n° 9.099/1995 – Juizados Especiais Cíveis e Criminais

A Lei n° 9.099/1995 traz a facultatividade do acompanhamento de advogado para demandas que envolvam **até 20 salários mínimos** no âmbito do **Juizado Especial Cível** (JEC).

Nas ações cujo valor envolvido corresponda de 20 até 40 salários mínimos a presença do advogado será obrigatória. Do mesmo modo, as partes serão obrigatoriamente representadas na instância recursal do juizado especial – colégio recursal – independentemente do valor envolvido na ação objeto do recurso.

No que se refere ao **Juizado Especial Criminal** (JECrim), a Lei n° 9.099/1995 não trouxe exceção quanto à dispensabilidade do advogado. Dessa forma, no âmbito do JECrim será aplicada a regra do Estatuto da Advocacia, que prevê a imprescindibilidade (= necessidade) da representação das partes por advogados regularmente constituídos.

Advogado facultativo	Advogado obrigatório
■ JEC – Demandas com até 20 salários mínimos	■ JEC – Demandas acima de 20 até 40 salários mínimos ■ Colégio Recursal ■ JECrim

c) Lei nº 10.259/2001 – Juizado Especial Federal (JEF)

O art. 10 da Lei nº 10.259/2001 dispôs que as partes poderão designar no âmbito do JEF, por escrito, representantes para a causa, **sejam eles advogados ou não**. Desse modo, nos JEFs, seja qual for o valor da causa, a parte não necessitará de advogado, pois poderá estar representada **por um advogado ou por qualquer outra pessoa**.

d) Lei nº 5.478/1968 – Lei de Alimentos

A Lei de Alimentos, nº 5.478/1968, traz, em seu art. 2º, a possibilidade de o credor de alimentos dirigir-se ao juiz competente para expor suas necessidades **pessoalmente** ou **por intermédio de advogado**. Dessa forma, a postulação em juízo mediante representação de um advogado está dispensada também em ações que digam respeito a pedido de alimentos.

e) Súmula Vinculante nº 5 – Processo administrativo disciplinar

O STF editou, em 2008, a Súmula Vinculante nº 5 dispondo que "**a falta de defesa técnica por advogado** no processo administrativo disciplinar **não ofende a Constituição**" (grifos nossos). Assim, não há necessidade de a defesa em processo administrativo disciplinar ser realizada por advogado. No mesmo sentido o art. 2º, § 2º-A, do EAOAB dispõe sobre a contribuição do advogado em processo administrativo.

f) *Habeas corpus*

O EAOAB excluiu das atividades privativas da advocacia, no § 1° do seu art. 1°, a impetração de *habeas corpus* em qualquer instância ou tribunal.

Atenção!

■ Dos remédios constitucionais, **apenas o *habeas corpus* não necessita de advogado.**

■ ***Habeas data*, mandado de segurança e ação popular deverão, necessariamente, ser impetrados por advogado.**

■ Consultoria, assessoria e direção jurídicas

As atividades de consultoria, assessoria, gerência e direção jurídicas, em qualquer empresa pública, privada ou paraestatal, inclusive em instituições financeiras, são privativas de advogado, e não podem ser exercidas por quem não se encontre regularmente inscrito na OAB.

A **consultoria** é prestada esporadicamente a uma pessoa física ou jurídica, mediante atendimento de questionamentos e consultas e indicação do caminho jurídico mais adequado ao cliente. Na **assessoria**, por sua vez, há habitualidade na prestação de serviços realizada ao cliente.

Além das atividades de direção jurídica – administração de assuntos relacionados ao Direito – a **gerência jurídica** também é atividade privativa de advogados.

Atenção!

As atividades de consultoria e assessoria jurídicas podem ser exercidas de modo verbal ou por escrito, a critério do advogado e do cliente, e independem de outorga de mandato ou de formalização por contrato de honorários.

■ Visar atos e contratos de pessoa jurídica

Os atos e contratos constitutivos de pessoas jurídicas apenas poderão ser admitidos a registro nos órgãos competentes se estiverem devidamente visados por advogados, sob pena de nulidade. Assim, aos advogados cabe, privativamente, **visar atos e contratos de pessoas jurídicas para registro, como requisito de validade do documento.**

A **exceção** a essa regra está na dispensa do advogado para visar atos constitutivos de **microempresas e empresas de pequeno porte.**[2] Portanto, em se tratando de microempresas e empresas de pequeno porte, resta **dispensada** a necessidade de um advogado visar os atos constitutivos.

Além disso, estão impedidos de visar atos e contratos de pessoa jurídica os advogados que prestem serviços a órgãos ou entidades da Administração Pública direta ou indireta, da unidade federativa a que se vincule a Junta Comercial, ou a quaisquer repartições administrativas competentes para o mencionado registro.[3]

Atenção!

■ O efetivo exercício de advocacia pode ser comprovado por:
- ☐ certidão expedida por cartórios ou secretarias judiciais;
- ☐ cópia autenticada de atos privativos; e
- ☐ certidão expedida pelo órgão público no qual o advogado exerça função privativa do seu ofício, indicando os atos praticados.

■ É permitido ao advogado contribuir com o processo legislativo e com a elaboração de normas jurídicas, no âmbito dos Poderes da República.

[2.] Art. 9°, § 2°, da Lei Complementar (LC) n° 123/2006 – Indica a inaplicabilidade do art. 1°, § 2°, do EAOAB.
[3.] Parágrafo único do art. 2° do RGEAOAB.

2.2 Atividades dos estagiários

O aluno matriculado em um dos dois últimos anos do Curso de Ciências Jurídicas/Direito de instituição de ensino superior autorizada e credenciada, regularmente inscrito nos quadros da OAB como estagiário, pode praticar os atos privativos da advocacia, previstos no art. 1º do EAOAB (postulação em juízo e consultoria), em conjunto com o advogado e sob sua **orientação, supervisão e responsabilidade.**

Isoladamente, o estagiário inscrito na OAB poderá praticar os seguintes atos, sempre sob a responsabilidade do advogado:

- Retirar e devolver autos em cartório, assinando a respectiva carga.
- Obter junto aos escrivães e chefes de secretaria certidões de peças ou autos de processos em curso ou findos.
- Assinar petições de juntada de documentos a processos judiciais ou administrativos.
- Exercício de atividades extrajudiciais, desde que tenha sido autorizado ou substabelecido pelo advogado.

2.3 Nulidade de atos privativos

Os atos privativos da advocacia, quando praticados por pessoas que não estão inscritas como advogados nos quadros da OAB – inclusive estagiários que extrapolarem o seu âmbito de atuação – são **nulos**, sem prejuízo de sanções civis, penais e administrativas.

Serão nulos, também, os atos praticados por advogado impedido – no âmbito do impedimento – suspenso, licenciado ou que passar a exercer atividade incompatível com a advocacia.

A nulidade dos atos praticados por pessoa não advogado ou pelo advogado impedido: a) pode ser declarada de ofício; b) pode ser provocada por qualquer interessado ou pelo
Ministério Público; c) é imprescritível; d) não se ratifica pela
parte interessada; e) não convalesce com o tempo; f) apaga,
ao ser declarada, os efeitos desde o início, ou seja, retroage *ex
tunc*; e g) não pode ser suprida ou sanada.

Resumo

São atividades privativas de advogado:

- Postular em órgão do Poder Judiciário e Juizados Especiais.
  - Exceções:
    - Justiça do Trabalho;
    - JECs;
    - JEF;
    - ações de alimentos;
    - processo administrativo disciplinar;
    - *habeas corpus*.
- Consultoria, assessoria e direção jurídicas.
- Visar atos e contratos de pessoa jurídica.

Estagiários:

- Dois últimos anos do curso de Ciências Jurídicas/Direito.
- Regularmente inscrito nos quadros da OAB como estagiário.
- Pode postular em juízo e prestar consultoria em conjunto com o
  advogado e sob sua orientação, supervisão e responsabilidade.
- Poderá, isoladamente, mas sob responsabilidade do advogado:
  - retirar e devolver autos em cartório, assinando a respectiva
    carga;
  - obter junto aos escrivães e chefes de secretaria certidões de
    peças ou autos de processos em curso ou findos;

□ assinar petições de juntada de documentos a processos judiciais ou administrativos;

□ exercício de atividades extrajudiciais, desde que tenha sido autorizado ou substabelecido pelo advogado, nos termos do art. 29, § 2°, do RGEAOAB.

Nulidade de atos privativos:

■ Pode ser declarada de ofício.

■ Pode ser provocada por qualquer interessado ou pelo Ministério Público.

■ É imprescritível.

■ Não se ratifica pela parte interessada.

■ Não convalesce com o tempo.

■ Apaga, ao ser declarada, os efeitos desde a constituição do ato.

■ Não pode ser suprida ou sanada.

3

Direitos dos advogados

Os direitos dos advogados e advogadas[1] constituem prerrogativas que garantem o exercício da advocacia de maneira independente e isenta. Dentre tais direitos, destaca-se[2] **ausência de hierarquia e de subordinação entre exercentes da advocacia, magistrados e membros do Ministério Público**, de modo que todos devem se tratar com consideração e respeito recíproco, dispensando ao advogado, no exercício da profissão, tratamento compatível com a dignidade da advocacia e condições adequadas a seu desempenho, preservando e resguardando, de ofício, a imagem, a reputação e a integridade do advogado.

3.1 Direitos específicos

São direitos dos advogados,[3] previstos no art. 7º do EAOAB, os seguintes:

---

[1] Capítulo II do Título I do EAOAB e no Capítulo VI do Título I do RGEAOAB.

[2] Art. 6º, *caput*, do EAOAB.

[3] Até a edição da Lei nº 14.365/2022, que revogou o § 2º do art. 7º do EAOAB, os advogados possuíam imunidade no exercício da sua profissão. Em razão disso, as manifestações no exercício das atividades, em juízo ou fora dele, não constituíam em injúria ou difamação passíveis de punição – era ressalvada, contudo, a possibilidade de aplicação de disciplinares aplicáveis ao advogado perante a OAB pelos excessos que fossem cometidos.

■ **Exercício da advocacia em todo o território nacional**

O exercício da advocacia deve se dar com liberdade no âmbito nacional – desde que o advogado não atue com habitualidade em seccional diversa daquela em que possui sua inscrição principal, pois, nesse caso, deverá proceder com a sua inscrição suplementar.

Considera-se habitual o exercício da atividade em mais do que **cinco** processos por ano em cada uma das subseções.

■ **Inviolabilidade do local de trabalho**

São invioláveis o escritório ou local de trabalho do advogado, além dos seus instrumentos de trabalho, correspondência escrita, telefônica e telemática, desde que relativas ao exercício da advocacia.

São exceções que permitem a violação do local de trabalho do advogado:

a) em caso de **flagrante delito, flagrante desastre** ou para **prestar socorro** – nestas situações, a violação é permitida a qualquer dia e em qualquer horário; e

b) **mediante autorização judicial**, e desde que ocorra em **dias úteis das 06:00h às 18:00h**, quando **presentes requisitos** de **autoria e materialidade** da **prática de crime por parte do advogado**, com **mandado de busca e apreensão específico e pormenorizado** a ser cumprido na **presença de representante da OAB**, sendo vedada a utilização dos documentos, das mídias e dos objetos pertencentes a clientes do advogado averiguado, bem como dos demais instrumentos de trabalho que contenham informações sobre clientes.

A ressalva indicada na letra b não se estende a clientes do advogado averiguado que estejam sendo formalmente investigados como seus partícipes ou coautores pela prática do mesmo crime que deu causa à quebra da inviolabilidade.[4]

■ **Comunicação com o seu cliente**

É direito do advogado se comunicar com seus clientes em qualquer estabelecimento prisional (seja civil ou militar, e ainda que se trate de estabelecimento considerado incomunicável), pessoal e reservadamente, mesmo que desprovido de procuração.

A assistência do preso por um advogado é assegurada constitucionalmente no inciso LXIII do art. 5º. Assim, ainda que o art. 21 do Código de Processo Penal (CPP) preveja a possibilidade de ser declarada a incomunicabilidade de um preso, tal previsão não poderá obstar a comunicação de um advogado com o seu cliente.

Além disso, o art. 20 da Lei de Abuso de Autoridade, nº 13.869, de 2019, tipifica como crime, apenado com detenção de seis meses a dois anos, além de multa, a conduta que visa impedir, sem justa causa, a entrevista pessoal e reservada do preso com o seu advogado, incorrendo na mesma pena quem impedir o preso, o réu solto ou o investigado de se entrevistar pessoal e reservadamente com o seu defensor antes da audiência, sentar-se ao seu lado e com ele se comunicar durante a audiência, salvo no curso de interrogatório ou audiência realizada por videoconferência.[5]

Atenção!

De acordo com o art. 136, § 3º, inciso IV, da CF/1988, é **vedada a incomunicabilidade** do preso na vigência de estado de defesa.

---

4. Art. 7º, § 7º, do EAOAB.
5. Foram ajuizadas ações declaratórias de inconstitucionalidade questionando o dispositivo. A ADI nº 6.234 não foi conhecida por ausência de legitimidade ativa e a ADI nº 6.236 está pendente de julgamento. Nenhuma das ADIs havia transitado em julgado até o fechamento da edição.

■ Prisão do advogado

É assegurado ao advogado (art. 7°, IV e § 3°, do EAOAB) o direito de ter a presença de um representante da OAB quando preso em **flagrante por motivo ligado ao exercício da advocacia**, sob pena de nulidade. Apenas é autorizada a prisão em flagrante de advogado no exercício da profissão em caso de crime inafiançável.

Ainda, é prerrogativa do advogado (inciso V do art. 7° do EAOAB) não ser recolhido preso, **antes do trânsito em julgado**, senão em Sala de Estado Maior, com instalações e comodidades condignas[6] e, na falta desta, o advogado cumprirá prisão domiciliar antes do trânsito em julgado.

Atenção!

Ainda que a prisão do advogado que não esteja ligada ao exercício da advocacia não dependa do acompanhamento de um representante da OAB, a seccional da OAB a que o advogado é vinculado deve ser comunicada expressamente sobre a prisão.

■ Livre ingresso

É direito do advogado (inciso VI do art. 7° do EAOAB) o livre ingresso em:

a) **salas de sessões dos tribunais,** mesmo além das cancelas que separam a parte reservada;

b) **salas e dependências de audiências, secretarias, cartórios, ofícios, serviços notariais e, no caso de delegacias**

---

[6]. A redação original do art. 7°, V, do EAOAB previa que a Sala de Estado Maior deveria ser reconhecida pela OAB. Contudo, em julgamento da ADI n° 1.127-8, o STF julgou inconstitucional a expressão "assim reconhecidas pela OAB". Desse modo, cabe ao sistema penitenciário, e não à OAB, reconhecer uma Sala de Estado Maior.

e estabelecimentos prisionais, ainda que antes ou após o horário de expediente e mesmo que ausentes os seus titulares;

c) **qualquer edifício ou recinto em que funcione repartição judicial** ou outro serviço público no qual o advogado deva realizar qualquer ato relativo à sua atividade profissional, dentro do expediente ou fora dele, e ser atendido, desde que se ache presente qualquer servidor ou empregado;

d) **qualquer assembleia ou reunião de que participe ou que deva participar** para representar o seu cliente, desde que munido de poderes especiais.

O livre ingresso autoriza o advogado a **entrar, retirar-se** e **permanecer** nos locais anteriormente indicados, ainda que em área reservada e mesmo após o horário de expediente da sessão ou repartição, permanecendo **sentado ou em pé** e independentemente de licença, além de **garantir aos advogados o direito de se dirigirem diretamente aos magistrados nas salas e gabinetes de trabalho, independentemente de horário previamente marcado ou outra condição**, observada a ordem de chegada.

■ Sustentação oral

Ao advogado é permitida a sustentação oral após a exposição da causa pelo relator e **antes** da prolação do seu respectivo voto, nos recursos que possuem a previsão de sustentação oral,[7] quais sejam:

☐ Apelação.

☐ Recurso ordinário.

☐ Recurso especial.

☐ Recurso extraordinário.

---

7. Recursos previstos no art. 937 do CPC e de acordo com o art. 7º, § 2º-B, do EAOAB.

- ☐ Embargos de divergência.
- ☐ Ação rescisória.
- ☐ Mandado de segurança.
- ☐ Reclamação.
- ☐ Agravo de instrumento interposto contra decisões interlocutórias que versem sobre tutelas provisórias de urgência ou da evidência.
- ☐ Outras hipóteses previstas em lei ou no regimento interno do tribunal.

É facultada a sustentação oral na sessão de julgamento em processos disciplinares, **após** o voto do relator e pelo prazo de 15 minutos.[8] Trata-se de exceção à regra prevista no Código de Processo Civil (CPC).

- ■ **Usar da palavra, pela ordem, mediante intervenção pontual e sumária**

Ao advogado é garantido o direito de utilização da palavra, pela ordem, em qualquer tribunal judicial ou administrativo, órgão de deliberação coletiva da administração pública ou comissão parlamentar de inquérito, mediante intervenção pontual e sumária, para esclarecer equívoco ou dúvida surgida em relação a fatos, a documentos ou a afirmações que influam na decisão.[9] Assim, é garantida ao advogado a utilização da palavra, pela ordem, ainda que fora das hipóteses ordinárias previstas em lei para a sua intervenção, quando for necessário:

- ☐ replicar injusta e sumária agressão no curso do exercício da profissão;
- ☐ intervir contra injusta e sumária agressão para cessar a ilegalidade; e
- ☐ tirar dúvidas e tentar sanar erros ocorridos no curso do processo.

---

8. Art. 60, § 4º, do CED.
9. Nova redação do inciso X do art. 7º do EAOAB, após a Lei nº 14.365/2022.

■ **Reclamar contra a inobservância de preceito de lei, regulamento ou regimento**

É garantido ao advogado (art. 7º, XI, EAOAB) o direito de reclamar, verbalmente ou por escrito, perante qualquer juízo, tribunal ou autoridade, contra a inobservância de preceito de lei, regulamento ou regimento.

■ **Falar, sentado ou em pé, em juízo ou tribunal**

O advogado possui a prerrogativa de, durante o uso da sua palavra e em suas manifestações orais, falar em pé ou sentado, em juízo, tribunal ou perante órgão de deliberação coletiva da Administração Pública ou do Poder Legislativo.

■ **Examinar autos de processos e investigações**

O EAOAB garante aos advogados[10] o direito de examinar autos, obter cópias e realizar apontamentos:

a) em qualquer órgão dos Poderes Judiciário e Legislativo, ou da Administração Pública em geral, de processos findos ou em andamento, mesmo sem procuração – desde que não estejam sujeitos a sigilo ou segredo de justiça; e

b) sobre flagrante e sobre investigações de qualquer natureza, em qualquer instituição responsável por conduzir investigação, de processos findos ou em andamento e mesmo sem procuração, ainda que referidos autos estejam conclusos à autoridade.

Nas duas hipóteses indicadas, são asseguradas ao advogado a obtenção de cópias e a realização de apontamentos sobre as informações constantes dos autos. No que se refere

---

10. Art. 7º, XIII e XIV, do EAOAB.

ao exame de autos de flagrante, o inciso XIV autoriza expressamente que os apontamentos feitos pelo advogado podem ser físicos ou digitais.

É permitida, contudo, a limitação do acesso do advogado aos elementos de prova relacionados a **diligências em andamento** e ainda **não documentados nos autos**, quando houver risco de comprometimento[11] da **eficiência, da eficácia ou da finalidade** das diligências, ressaltando-se ser permitido ao advogado[12] o acompanhamento do depoimento do seu cliente, sob pena de nulidade da prova produzida.

No sentido retroindicado está a Súmula Vinculante nº 14[13] do STF, que garante ao advogado o amplo acesso aos elementos de prova que já estejam documentados nos procedimentos investigatórios realizados – veja que na situação indicada poderá haver limitação do acesso de elementos não documentados, de modo que os dispositivos se complementam – e que digam respeito ao exercício do direito de defesa.

Mas, cuidado, é importante ressaltar que o art. 7º, XXI, do EAOAB permite o acompanhamento pelo advogado do depoimento do seu cliente, sob pena de nulidade da prova produzida. Ou seja, há uma exceção para a limitação de provas em andamento nesse caso.

Ainda, importante observar que o **fornecimento incompleto** dos autos ou fornecimento de autos em que houve a retirada de peças já incluídas no caderno investigativo implica a **responsabilização criminal e funcional** por abuso de autorida-

---

11. Art. 7º, XIV e § 11, do EAOAB.
12. Art. 7º, XXI, do EAOAB.
13. Súmula Vinculante nº 14: "É direito do defensor, no interesse do representado, ter acesso amplo aos elementos de prova que, já documentados em procedimento investigatório realizado por órgão com competência de polícia judiciária, digam respeito ao exercício do direito de defesa".

de do responsável que **impedir o acesso do advogado com o intuito de prejudicar o exercício da defesa.**

Nesse contexto, o art. 32 da Lei n° 13.869/2019 (Lei de Abuso de Autoridade) classifica como infração penal sujeita a detenção de seis meses a dois anos e multa a atitude de agente público que nega ao defensor ou advogado o acesso aos autos de a) investigação preliminar, b) termo circunstanciado, c) inquérito ou qualquer outro procedimento investigatório de infração penal, civil ou administrativa, bem como a **atitude que vise impedir a obtenção de cópias.**

Tais condutas apenas não serão consideradas como abuso de autoridade quando se tratar de a) peças relativas a diligências em curso, ou b) peças que indiquem a realização de diligências futuras, cujo **sigilo seja imprescindível.**

Atenção!

O disposto neste título aplica-se integralmente a processos e procedimentos eletrônicos, **ressalvando-se os casos de autos sujeitos a sigilo** – no qual o advogado deve apresentar procuração.

■ **Ter vista de processos judiciais ou administrativos e retirar autos**

É garantida aos advogados a vista dos processos judiciais ou administrativos em cartório ou na repartição competente, bem como a retirada dos autos pelos prazos legais. Os processos findos podem ser retirados pelo prazo de 10 (dez) dias, ainda que o advogado não possua procuração.

O advogado com **procuração** pode **fazer carga** de autos no prazo de lei, enquanto o advogado **sem procuração** apenas poderá realizar carga de autos findos, no prazo de 10 (dez) dias.

■ Desagravo

O desagravo está previsto no inciso XVII do art. 7° do EAOAB e consiste no direito de o advogado ser publicamente desagravado quando ofendido no exercício da sua profissão ou em razão dela. O desagravo não se presta apenas para resguardar a dignidade da pessoa do advogado, mas, sim, de toda a classe da advocacia que é ofendida quando um advogado é ofendido no curso da sua profissão, por isso ele independe da concordância do advogado ofendido e pode ser promovido sem prejuízo de eventual responsabilidade criminal a que incorrer o infrator.

□ Procedimento

Previsto também no RGEAOAB, o desagravo é **público** e realizado pelo conselho competente, de ofício e a pedido do ofendido ou de qualquer pessoa (art. 18, *caput*, do RGEAOAB).

O § 1° do artigo mencionado indica que, caso o relator se convença da existência de prova ou indício de ofensa que seja relacionada ao exercício da profissão ou de cargo da OAB, deverá propor ao Presidente do Conselho Seccional que solicite informações da pessoa ou autoridade ofensora, no prazo de 15 (quinze) dias, salvo se se tratar de caso urgente ou com notoriedade.

Ainda, o relator poderá propor o **arquivamento** do pedido se a ofensa: a) for **pessoal**, b) **não** estiver **relacionada com o exercício profissional** ou com as prerrogativas gerais do advogado, ou c) se configurar **crítica de caráter doutrinário, político ou religioso.**

O relator, independentemente do recebimento das informações solicitadas da autoridade ofensora, e convencendo-se da procedência da ofensa, emite um parecer que é submetido ao conselho e, em caso de acolhimento do parecer, será designada sessão de desagravo amplamente divulgada.

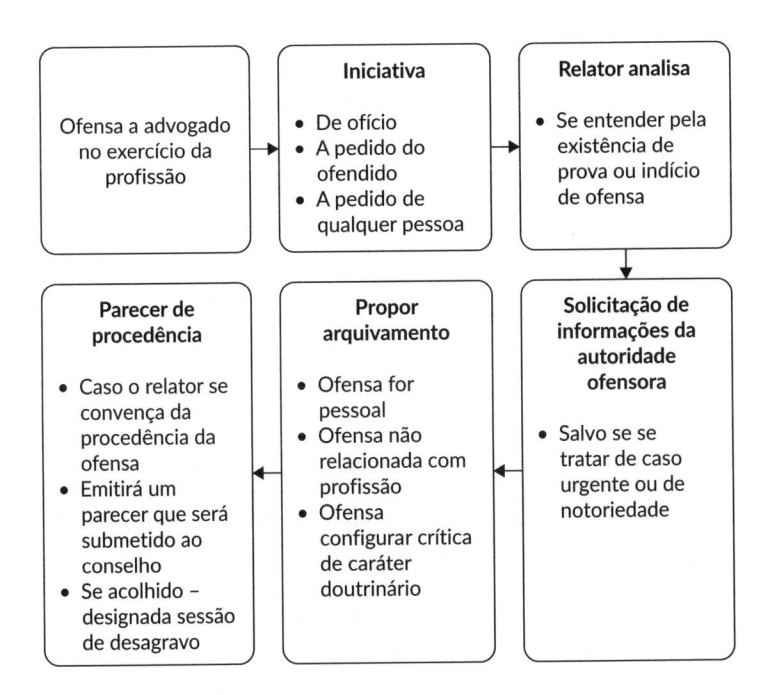

□ **Sessão de desagravo**

Na sessão de desagravo o Presidente procederá com a leitura da nota que será publicada na imprensa e encaminhada ao ofensor e às autoridades, além de ser registrada nos assentamentos do advogado ofendido.

Caso a ofensa ocorra no território da Subseção vinculada à inscrição do advogado ofendido, a sessão de desagravo poderá ser promovida pela diretoria ou conselho da Subseção, com representação do Conselho Seccional.

□ **Ofensa a Conselheiro Federal ou Presidente de Conselho Seccional**

Caso a ofensa sujeita a desagravo seja realizada em face de Conselheiro Federal da OAB ou Presidente de Conselho

Seccional, ofendidos no exercício das suas atribuições ou em casos nos quais a ofensa se revista de relevância e grave violação às prerrogativas profissionais com repercussão nacional, o desagravo público será promovido pelo Conselho Federal.

O Conselho Federal observará o procedimento estudado anteriormente e indicará seus representantes para a sessão pública de desagravo, na sede do Conselho Seccional, exceto quando se tratar de Conselheiro Federal.

■ **Utilizar símbolos privativos**

É prerrogativa dos devidamente inscritos nos quadros da OAB o direito de utilizar os símbolos privativos da profissão de advogado (modelos de vestes talhares e insígnia da advocacia).

Contudo, **os símbolos privativos da OAB** não poderão ser utilizados pelos inscritos na Ordem e a utilização da marca oficial ou seus símbolos apenas poderá se dar pelo Conselho Federal, pelos Conselhos Seccionais e pelas Subseções. Os demais necessitarão de prévia autorização para tanto.

■ **Recusar-se a depor como testemunha – Sigilo profissional**

É garantido ao advogado[14] o direito de se recusar a depor como testemunha em processo no qual **atuou ou deva atuar**, ou sobre **fato relacionado com pessoa de quem seja ou foi advogado**. Esse dispositivo explicita o direito e o dever do advogado de manter sigilo sobre as informações recebidas no exercício da sua profissão.

Ou seja, este inciso especifica o direito e o dever do advogado de manter sigilo sobre as informações recebidas no

---

14. Conforme o inciso XIX do art. 7º do EAOAB.

exercício da sua profissão. O sigilo, abordado em tópico próprio, apenas poderá ser mitigado em casos de proteção à vida e à honra e em casos de afronta ao próprio advogado.

- **Retirar-se do recinto diante do não comparecimento de autoridade**

O advogado pode se retirar do recinto onde se encontre aguardando pregão para ato judicial, após transcorridos 30 (trinta) minutos do horário designado para o ato, caso a autoridade que devesse conduzi-lo não tenha comparecido, desde que apresente comunicação em juízo justificando a sua presença e requerendo a redesignação do ato não realizado.

Essa autorização se dá mediante cumprimento de três requisitos cumulativos:

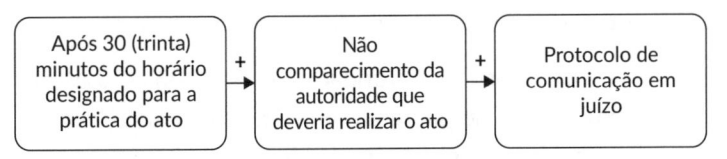

A exceção a essa regra está na Justiça do Trabalho, em que há previsão específica[15] indicando a possibilidade de as partes se retirarem do recinto se, em até **15 (quinze) minutos** após o horário designado para a audiência, **o juiz ou presidente não tiver comparecido**, desde que tal situação conste do **livro de registro das audiências**. O exercício dessa prerrogativa apenas ocorre nas hipóteses em que o juiz **não comparecer no local** em que a sessão seria realizada, e não em casos de atraso em pauta de audiência.

---

15. Art. 815, parágrafo único, da CLT.

EAOAB	CLT
Após 30 minutos.	Após 15 minutos.
Não comparecimento da autoridade.	Não comparecimento do juiz ou presidente.
Protocolo de comunicação ao juízo.	Indicação no livro de registro das audiências.

- **Assistir a seus clientes investigados durante a apuração de infrações**

É garantido ao advogado[16] o direito de prestar assistência a seus clientes investigados durante a apuração de infrações, podendo, ainda, apresentar razões e quesitos no curso da respectiva apuração. A violação a esta garantia ocasiona a **nulidade absoluta do interrogatório ou depoimento** e, por consequência, de todos os elementos investigatórios e probatórios dele decorrentes ou derivados, direta ou indiretamente.

A Lei de Abuso de Autoridade, Lei n° 13.869/2019, nesse contexto, prevê, no parágrafo único do seu art. 15, que está sujeito à penalidade aquele que prosseguir com o interrogatório de pessoa que a) tenha decidido exercer o direito de silêncio, ou b) tenha optado por ser assistida por advogado ou defensor público, sem a presença do seu patrono.[17]

- **Destinação de salas especiais e permanentes**

Os Poderes Judiciário e Executivo são obrigados a instalar, em todos os juizados, fóruns, tribunais, delegacias de polícia e presídios, salas especiais permanentes para os advogados, com

---

16. Previsão do inciso XXI do art. 7° do EAOAB.
17. A constitucionalidade deste dispositivo é objeto da ADI n° 6.236, cujo julgamento

uso assegurado aos inscritos na OAB.[18] É garantida a **utilização das salas** por advogados, não cabendo à OAB o seu controle.[19]

3.2 Direitos da advogada

A Lei n° 13.363/2016 inseriu o art. 7°-A no EAOAB e passou a prever direitos específicos para as advogadas gestantes, lactantes, adotantes ou que tiverem dado à luz.

Essa lei, conhecida informalmente como "Lei Julia Matos", em homenagem à filha da advogada Daniela Teixeira, foi editada com base em um projeto de lei elaborado por diversas advogadas alguns anos após a Dra. Daniela dar à luz a sua filha de modo prematuro, no mesmo dia em que pediu preferência em uma sustentação oral e teve o pedido negado, sendo obrigada a permanecer por horas na sessão de julgamento e sair diretamente para o hospital.

Mais do que um simples artigo inserido no EAOAB, o art. 7°-A é a materialização do empoderamento feminino no seio da OAB e da modernização de normas criadas, inicialmente, sem a observância de particularidades daquelas que exercem a advocacia simultaneamente com o seu papel na família e na sociedade, sobretudo em razão das especificidades da maternidade.

Além disso, a participação feminina em órgãos da OAB tem sido fomentada nos últimos anos, com a criação do Plano Nacional de Valorização da Mulher Advogada,[20] com a institui-

---

não foi encerrado até o fechamento desta edição. A ADI n° 6.234, que discutia o mesmo dispositivo, não foi conhecida pelo STF.

[18.] Conforme o § 4° do art. 7° do EAOAB.

[19.] O § 4° do art. 7°, XXI, do EAOAB previa, originalmente, além do uso das salas especiais, o controle pela OAB. O STF declarou a inconstitucionalidade da palavra "controle" no julgamento da ADI n° 1.127-8.

[20.] Previsto inicialmente pelo Provimento n° 164/2015.

ção de percentuais mínimos de participação de cada sexo em palestras, eventos[21] e Comissões da OAB, a fim de garantir a efetiva inserção da mulher advogada na estrutura da OAB.

3.2.1 Gestantes

Às advogadas gestantes é garantida a a) entrada em tribunais sem a submissão a detectores de metais e aparelhos de raios X, b) reserva de vaga em garagens dos fóruns dos tribunais,[22] e c) preferência na ordem das sustentações orais e das audiências a serem realizadas a cada dia, mediante comprovação da sua condição.[23]

Esses direitos se aplicam enquanto perdurar o estado gravídico (art. 7º-A, § 1º, EAOAB).[24]

3.2.2 Lactantes

Às lactantes é previsto o direito de acesso a creche, onde houver, ou a local adequado ao atendimento das necessidades do bebê, além de preferência na ordem de sustentações orais e das audiências a serem realizadas a cada dia, mediante comprovação da sua condição, enquanto perdurar o período de amamentação.

[21.] Provimento nº 195/2020.
[22.] Art. 7º-A, I, do EAOAB.
[23.] Art. 7º-A, III, do EAOAB.
[24.] Há quem questione a dispensa de submissão das advogadas gestantes a detectores de metais e aparelhos de raios X, sob o argumento de que a obrigatoriedade na submissão a detectores de metais se destinaria a preservar a segurança coletiva. Contudo, enquanto essa previsão permanecer no ordenamento jurídico, as advogadas gestantes não devem ser submetidas a detectores de metais e aparelhos de raios X.

3.2.3 Adotante ou quem der à luz

Às advogadas adotantes ou que tiverem dado à luz é garantido/a i) o acesso a creche, onde houver, ou a local adequado ao atendimento das necessidades do bebê, ii) a preferência na ordem de sustentações orais e audiências de cada dia, durante o prazo de 120[25] a contar do parto ou adoção, mediante comprovação da sua condição, e iii) a suspensão de prazos processuais quando for a única advogada da causa, pelo prazo de 30 dias, contados do parto ou da adoção, mediante apresentação de certidão de nascimento ou termo de adoção, e desde que notifique seu cliente por escrito.[26]

Direitos das advogadas – Art. 7°-A, EAOAB			
Inciso	Gestante	Lactante	Deu à luz ou adotante
I, a	É direito da advogada gestante não ser submetida a detectores de metais ou aparelhos de raios X na entrada em tribunais, enquanto perdurar o estado gravídico.	Não há previsão.	Não há previsão.
I, b	Reserva de vaga em garagens dos fóruns e tribunais, enquanto perdurar o estado gravídico.	Não há previsão.	Não há previsão.

---

[25] Art. 392, *caput*, da CLT – A empregada gestante tem direito à licença-maternidade de 120 (cento e vinte) dias, sem prejuízo do emprego e do salário; e art. 392-A – À empregada que adotar ou obtiver guarda judicial para fins de adoção de criança ou adolescente será concedida licença-maternidade nos termos do art. 392 desta Lei.

[26] Art. 313, IX e § 6°, do CPC.

Direitos das advogadas – Art. 7°-A, EAOAB		
Inciso	**Gestante**	**Lactante**	**Deu à luz ou adotante**
II	Não há previsão.	Acesso a creche, onde houver, ou a local adequado ao atendimento das necessidades do bebê, enquanto perdurar o período de amamentação.	Acesso a creche, onde houver, ou a local adequado ao atendimento das necessidades do bebê, pelo prazo de 120 dias.
III	Preferência na ordem das sustentações orais e das audiências a serem realizadas a cada dia, mediante comprovação da sua condição, enquanto perdurar o estado gravídico.	Preferência na ordem das sustentações orais e das audiências a serem realizadas a cada dia, mediante comprovação da sua condição, enquanto perdurar o período de amamentação.	Preferência na ordem das sustentações orais e das audiências a serem realizadas a cada dia, mediante comprovação da sua condição, pelo prazo de 120 dias.
IV	Não há previsão.	Não há previsão.	Suspensão de prazos processuais por 30 dias quando for a única patrona da causa, desde que haja notificação por escrito ao cliente.

3.3 Violação de prerrogativas

A Lei de Abuso de Autoridade (n° 13.869/2019) inseriu o art. 7°-B no EAOAB e passou a tipificar **crime**, penalizado com **detenção** e multa, a **violação de direito ou prerrogativa** de advogado previstos nos incisos II, III, IV e V do art. 7° do EAOAB. Ou seja, poderá ser penalizado aquele que não respeitar os seguintes direitos dos advogados:

Inciso	Direito
II	Inviolabilidade do domicílio profissional do advogado.
III	Comunicação do advogado com o seu cliente, pessoal e reservadamente, mesmo sem procuração, quando se acharem presos, detidos ou recolhidos em estabelecimentos civis ou militares, mesmo que sejam considerados incomunicáveis.
IV	Ter a presença de representante da OAB nas ocasiões em que o advogado for preso em flagrante por motivo ligado ao exercício da advocacia, para lavratura do respectivo auto, sob pena de nulidade. Comunicação expressa à seccional da OAB em casos de prisão por motivo não ligado ao exercício da advocacia.
V	Não ser recolhido preso, antes do trânsito em julgado de sentença condenatória, exceto em sala de Estado Maior, com instalações e comodidades condignas, e, na sua falta, em prisão domiciliar.

São sujeitos ativos do crime de abuso de autoridade,[27] e por isso podem ser penalizados pela violação ao disposto no art. 7º-B do EAOAB, os **agentes públicos**, servidores ou não, da administração direta, indireta ou fundacional de qualquer dos Poderes da União, dos Estados, do Distrito Federal, dos Municípios e de Território.

Para efeitos de aplicação da Lei de Abuso de Autoridade, são considerados agentes públicos, ainda, aqueles que transitoriamente ou sem remuneração, por eleição, nomeação, designação, contratação ou qualquer outra forma de investidura ou vínculo, mandato, cargo, empregado ou função em órgão ou entidade da administração pública direta, indireta, autárquica ou fundacional, nos termos do parágrafo único do art. 2º da Lei de Abuso de Autoridade.

De acordo com o disposto no Provimento nº 201/2020, caberá ao Conselho Federal ou Conselho Seccional da OAB[28]

[27.] Art. 2º da Lei nº 13.869/2019.
[28.] Art. 2º do Provimento nº 201/2020 do Conselho Federal da Ordem dos Advogados

prestar assistência aos advogados, inclusive mediante a) ofereci-
mento de comunicação ou representação ao Ministério Público
para ajuizamento de ação penal pública incondicionada, e b) ajuizamento de ação penal privada subsidiária, além do acompanhamento até o trânsito em julgado da ação penal nas hipóteses em
que houver **indícios de crime de violação às prerrogativas.**

Além disso, a OAB prestará assistência aos advogados,
mediante requerimento,[29] nas situações em que houver:

a) impedimento à comunicação do advogado com seus clientes, quando estes se acharem presos, detidos ou recolhi-
   dos em estabelecimentos, ainda que considerados inco-
   municáveis;

b) impedimento do advogado de entrevistar-se pessoal e reservadamente com o réu, de sentar-se ao seu lado e com ele
   comunicar-se durante a audiência, salvo no curso de interrogatório ou de audiência realizada por videoconferência;

c) negativa ao advogado de acesso aos autos de investigação preliminar, ao termo circunstanciado, ao inquérito ou
   a qualquer outro procedimento investigatório, assim como
   impedimento à obtenção de cópias, ressalvado o acesso
   a peças relativas a diligências em curso ou futuras, cujo
   sigilo seja imprescindível;

d) demora demasiada e injustificada, por parte de autoridade
   pública, no exame de processo de que tenha requerido
   vista em órgão colegiado, com o intuito de procrastinar
   seu andamento ou retardar o julgamento;

e) constrangimento de advogados e advogadas a depor, sob
   ameaça de prisão, sobre fatos que, em razão de função,

---

do Brasil.

29.   Art. 3º do Provimento nº 201/2020 do Conselho Federal da Ordem dos Advogados
      do Brasil.

ministério, ofício ou profissão, deva guardar segredo ou resguardar sigilo.

No mais, sempre que ocorrer procedimento de busca e apreensão em desfavor de advogado, este deverá ser cumprido na presença de um representante da OAB após a prolação de decisão judicial motivada e mandado judicial específico e pormenorizado, não sendo suficiente para a fundamentação de referido mandado a prática de atos inerentes ao exercício regular da atividade da advocacia – há obrigatoriedade da existência de procedimento penal em que o advogado figure expressamente como investigado pela prática de um crime.[30]

Em qualquer hipótese, não podem ser objeto da busca e apreensão anteriormente indicadas:[31]

a) documentos relativos a clientes que não tenham relação com os fatos investigados;

b) documentos preparados com o concurso do advogado no exercício regular de sua atividade profissional, ainda que para o investigado ou réu;

c) contratos, inclusive na forma epistolar, celebrados entre o cliente e o advogado, relativos à sua atuação profissional;

d) objetos, dados ou documentos em poder de outros profissionais que não o indicado no mandado de busca e apreensão, exceto quando se referirem diretamente ao objeto da diligência;

e) cartas, mensagens escritas ou faladas, correspondência eletrônica ou outras formas de comunicação entre advogados e cliente protegidas pelo sigilo profissional.

---

[30] Art. 6º do Provimento nº 201/2020 do Conselho Federal da Ordem dos Advogados do Brasil.

[31] Art. 6º do Provimento nº 201/2020 do Conselho Federal da Ordem dos Advogados do Brasil.

Caso sejam identificadas ilegalidades no mandado ou cumprimento da ordem, caberá ao representante da OAB[32] adotar as medidas necessárias para suspensão do ato, em defesa das prerrogativas profissionais, e a decretação e cumprimento de busca e apreensão em desacordo de forma irregular,[33] além da imposição de obstáculos, dificuldade ou constrangimento no acompanhamento pelo representante da OAB configura crime previsto no art. 7°-B da Lei n° 8.906/1994.[34]

O EAOAB prevê[35] que em caso de inviabilidade técnica quanto à segregação da documentação objeto de apreensão com itens não relacionados à investigação, em razão da sua natureza ou volume, no momento da execução da decisão judicial de apreensão ou de retirada do material, a cadeia de custódia preservará o sigilo do seu conteúdo, assegurada a presença do representante da OAB, e em caso de inobservância desta determinação pelo agente público, caberá ao representante da Ordem relatar o fato ocorrido, com a inclusão dos nomes dos servidores, a fim de dar conhecimento à autoridade judiciária e encaminhar o relatório à OAB para a elaboração de notícia-crime.[36]

---

[32] Art. 10 do Provimento n° 201/2020 do Conselho Federal da Ordem dos Advogados do Brasil.

[33] Art. 11, parágrafo único – São consideradas como irregularidades: a) a expedição de mandado genérico; b) a apreensão indiscriminada de instrumentos de trabalho do advogado, compreendendo todo e qualquer bem móvel ou intelectual utilizado no exercício da profissão, especialmente no tocante aos seus computadores, telefones, *tokens*, *pendrives*, arquivos impressos ou digitais, bancos de dados, livros e anotações de qualquer espécie.

[34] Art. 10 do Provimento n° 201/2020 do Conselho Federal da Ordem dos Advogados do Brasil.

[35] Art. 7°, § 6°-D, do EAOAB.

[36] Art. 7°, § 6°-E, do EAOAB.

Resumo

São direitos dos advogados:

■ Exercício da advocacia em todo o território nacional.

■ Inviolabilidade do local de trabalho.

□ Exceto:

a) caso de flagrante delito, flagrante desastre ou para prestar socorro – a qualquer dia e em qualquer horário; e

b) mediante autorização judicial, e desde que ocorra em dias úteis das 06:00h às 18:00h, quando presentes requisitos de autoria e materialidade da prática de crime e com mandado de busca e apreensão específico e pormenorizado a ser cumprido com a presença de representante da OAB.

■ Comunicação com o seu cliente.

■ Prisão do advogado com presença de um representando da OAB quando preso em flagrante por motivo ligado ao exercício da advocacia, sob pena de nulidade.

■ Livre ingresso em:

a) salas de sessões dos tribunais, mesmo além dos cancelos;

b) salas e dependências de audiências, secretarias, cartórios, ofícios de justiça, serviços notariais, serviços de registros, delegacias e estabelecimentos prisionais;

c) em qualquer edifício ou recinto em que funcione repartição judicial ou outro serviço público; e

d) em qualquer assembleia ou reunião de que participe ou que deva participar para representar o seu cliente, desde que munido de poderes especiais.

■ Sustentação oral após a exposição da causa e antes do voto do relator, em recursos que possuam previsão de sustentação oral.

■ Usar da palavra, pela ordem, em qualquer juízo ou tribunal com o intuito de:

a) replicar injusta e sumária agressão no curso do exercício da profissão;

b) intervir contra injusta e sumária agressão para cessar a ilegalidade; e

c) tirar dúvidas e tentar sanar erros ocorridos no curso do processo.

■ Reclamar contra a inobservância de preceito de lei, regulamento ou regimento.

■ Falar, sentado ou em pé, em juízo ou tribunal.

■ Examinar autos de processos e investigações.

■ Ter vista de processos judiciais ou administrativos e retirar autos:

a) processos que tramitam sob segredo de justiça: apenas será concedida vista e autorizada a carga por advogado que possua procuração;

b) processos com documentos originais e de difícil reparação e situação relevante que justifique a permanência dos autos no cartório: concessão apenas de vista e não de carga.

■ Ser desagravo quando ofendido no exercício da sua profissão ou em razão dela.

■ Utilizar símbolos privativos da profissão de advogado.

■ Recusar-se a depor como testemunha:

a) em processo no qual atuou ou deva atuar;

b) sobre fato relacionado com pessoa de quem seja ou foi advogado; e

c) sobre fato que constitua sigilo profissional.

■ Retirar-se do recinto diante do não comparecimento de autoridade.

■ Assistir a seus clientes investigados durante a apuração de infrações.

■ Destinação de salas especiais e permanentes.

■ Imunidade profissional quanto a manifestações que poderiam constituir injúria ou difamação.

São direitos das advogadas:

■ Gestantes:

a) entrada em tribunais sem ser submetida a detectores de metais e aparelhos de raios X;

b) reserva de vaga em garagens dos fóruns dos tribunais; e

c) preferência na ordem das sustentações orais e das audiências.

■ Lactantes:

a) acesso a creche, onde houver, ou a local adequado ao atendimento das necessidades do bebê; e

b) preferência das lactantes na ordem de sustentações orais e das audiências.

■ Adotante ou que der à luz:

a) acesso a creche, onde houver, ou a local adequado ao atendimento das necessidades do bebê;

b) preferência na ordem de sustentações orais e audiências; e

c) suspensão de prazos processuais quando for a única advogada da causa.

Violação de prerrogativas:

■ Detenção, de dois a quatro anos, além de multa.

■ Violação de:

a) inviolabilidade do domicílio profissional do advogado;

b) comunicação do advogado com o seu cliente, pessoal e reservadamente;

c) presença de representante da OAB nas ocasiões em que o advogado for preso em flagrante por motivo ligado ao exercício da advocacia; e

d) não ser recolhido preso, antes do trânsito em julgado de sentença condenatória, exceto em sala de Estado Maior, com instalações e comodidades condignas, e, na sua falta, em prisão domiciliar.

4

Sigilo da advocacia

O advogado tem o dever de guardar sigilo dos fatos de que tome conhecimento no exercício da profissão, além daqueles que tenha tido conhecimento em razão de funções desempenhadas para a OAB, inclusive nas ocasiões em que exercer funções de **mediador, conciliador e árbitro.**

A **violação sem justa causa do sigilo profissional constitui infração disciplinar** do advogado.

O sigilo profissional é matéria de ordem pública[1] (independe de qualquer solicitação nesse sentido pelo cliente) e se presumem confidenciais as comunicações de qualquer natureza entre o advogado e o seu cliente.

A Lei de Abuso de Autoridade tipifica como crime (art. 15) o constrangimento a depor de pessoa que, em razão da sua função, deva guardar segredo ou manter sigilo – como é o caso do advogado.

Além de ser um **dever do advogado**, o sigilo é classificado como um dos seus **direitos**. O advogado pode, com a justificativa do sigilo, recusar-se a depor como testemunha em

---

[1] Art. 7º, XIV, da CF/1988.

processo no qual funcionou ou deva funcionar, ou sobre fato relacionado com pessoa de quem seja ou foi advogado, mesmo quando autorizado ou solicitado pelo constituinte, bem como sobre fato que constitua sigilo profissional.

O sigilo não poderá ser violado sem justa causa. Nesse contexto, são consideradas como justa causa e **permitem a violação do sigilo do advogado as situações que envolverem:**

- grave ameaça ao direito à vida;
- grave ameaça à honra; e
- defesa própria do advogado.

Atenção!

A violação de segredo profissional, sem justa causa, constitui **crime** capitulado no art. 154 do Código Penal (CP).

Resumo

Sigilo do advogado:

- Dever e direito.
- Sigilo sobre fatos de que tome conhecimento:
  - no exercício da profissão;
  - em razão de funções desempenhadas para a OAB;
  - em razão das funções de mediador, conciliador e árbitro.
- A violação sem justa causa constitui infração disciplinar.
- Independe de solicitação do cliente.
- Pode ser violado por justa causa, assim considerada:
  - grave ameaça ao direito à vida;
  - grave ameaça à honra; e
  - defesa própria do advogado.

5

Inscrição nos quadros da OAB

5.1 Inscrição de advogado na OAB

São requisitos necessários para a inscrição como advogado nos quadros da OAB (art. 8º do EAOAB):

■ **Capacidade civil**

A capacidade civil é entendida como a aptidão para adquirir direitos e exercê-los por si só, e envolve a capacidade de direito e a capacidade de fato.

A capacidade de fato presumida é adquirida aos 18 anos de idade,[1] oportunidade em que a pessoa fica habilitada à prática de todos os atos da vida civil. A incapacidade poderá ser cessada pela emancipação, após os 16 anos de idade e para os menores de 18 anos, situação que permitirá a inscrição de menor de 18 anos nos quadros da OAB.

A emancipação pode se dar em decorrência de a) autorização dos pais, b) casamento, c) exercício de emprego público efetivo, d) colação de grau, e e) capacidade de próprio sustento.

---

[1] Art. 5º do Código Civil (CC).

■ **Diploma ou certidão de graduação em direito**

A inscrição como advogado nos quadros da OAB exige a apresentação de diploma ou certidão de graduação em direito, obtido em instituição de ensino oficialmente autorizada e credenciada.

A necessidade de apresentação do diploma regularmente registrado foi relativizada pelo art. 23 do RGEAOAB ao prever que, na falta do diploma, é assegurada a apresentação de **certidão de graduação em direito, acompanhada de cópia autenticada do respectivo histórico escolar.**

■ **Regularidade eleitoral e militar**

É necessária a apresentação do título de eleitor para todos os brasileiros, homens e mulheres, a fim de comprovar a quitação eleitoral, além do comprovante de quitação com o serviço militar obrigatório, exigido para homens brasileiros.

■ **Aprovação em Exame de Ordem**

Há necessidade de comprovar a aprovação em Exame de Ordem, mediante apresentação de **certidão de aprovação**, e desde que cumpridos os requisitos do edital de referido exame.[2]

Poderão prestar o Exame de Ordem os estudantes de Direito dos últimos dois semestres ou do último ano do curso, em casos de cursos semestrais e anuais, respectivamente. Assim, aqueles que prestarem Exame de Ordem sem a observância desse requisito,[3] **ainda que aprovados no Exame, não**

[2.]   Provimento n° 144, de 2011, com alterações realizadas pelo Provimento n° 156, de 2013, ambos do Conselho Federal da OAB.

[3.]   Art. 7°, § 3°, do Provimento n° 144, com redação dada pelo Provimento n° 156 do Conselho Federal da OAB.

poderão proceder, com base nessa aprovação, **com a sua inscrição** na OAB.[4]

Compete ao Conselho Federal da OAB regular o Exame de Ordem e aplicá-lo. Ainda, destaca-se que toda Seccional da OAB deverá, obrigatoriamente, constituir uma comissão de Exame de Ordem.

■ Não exercer atividade incompatível com a advocacia

O exercício de atividades incompatíveis com a advocacia[5] é causa impeditiva da inscrição nos quadros da OAB. São atividades incompatíveis as seguintes:

☐ Chefe de Poder Executivo e membros da Mesa do Poder Legislativo e seus substitutos legais (vices).

☐ Membros de órgãos do Poder Judiciário, Ministério Público, tribunais e conselhos de contas, juizados especiais, justiça de paz, juízes classistas, bem como de todos os que exerçam função de julgamento em órgãos de deliberação coletiva da administração pública direta e indireta.

☐ Ocupantes de cargos ou funções de direção em Órgãos da Administração Pública direta ou indireta, em suas fundações e em suas empresas controladas ou concessionárias de serviço público.

☐ Ocupantes de cargos ou funções vinculados direta ou indiretamente a qualquer órgão do Poder Judiciário e os que exercem serviços notariais e de registro.

☐ Ocupantes de cargos ou funções vinculados direta ou indiretamente a atividade policial de qualquer natureza.

[4.] Compete ao Conselho Federal da Ordem dos Advogados do Brasil regular o Exame de Ordem e aplicá-lo. Ainda, destaca-se que toda Seccional da OAB deverá, obrigatoriamente, constituir uma comissão de Exame de Ordem.

[5.] Art. 28 do EAOAB.

☐ Militares de qualquer natureza, na ativa.

☐ Ocupantes de cargos ou funções que tenham competência de lançamento, arrecadação ou fiscalização de tributos e contribuições parafiscais.

☐ Ocupantes de funções de direção e gerência em instituições financeiras, inclusive privadas.

A incompatibilidade permanecerá[6] e, portanto, impedirá
a inscrição nos quadros da OAB, ainda que o ocupante do cargo ou função deixe de exercê-lo temporariamente.

Não se incluem nas hipóteses de ocupantes de cargos ou
funções de direção em Órgãos da Administração Pública direta
ou indireta, em suas fundações e em suas empresas controladas ou concessionárias de serviço público os que a) não detenham poder de decisão relevante sobre interesses de terceiro,
a juízo do conselho competente da OAB, além daqueles que
b) realizam atividades relacionadas à administração acadêmica
diretamente relacionada ao magistério jurídico.

Os impedidos para a inscrição nos quadros da OAB poderão prestar Exame de Ordem – mediante cumprimento dos
requisitos dos provimentos indicados no item específico, mas
referida aprovação não possibilitará a inscrição. O aprovado
no Exame de Ordem nessa situação deverá obter a certidão e
guardá-la – visto que não possui prazo de validade – para inscrição no momento em que deixar de ser incompatível.

A mera obtenção de certidão de aprovação não garante/
reserva o número da OAB (este é resultado da inscrição de um
profissional como advogado nos quadros da OAB) e não enseja
a necessidade de pagamento de anuidade, visto que a cobrança
pressupõe a efetiva inscrição.

[6.] Art. 28, § 1º, do EAOAB.

■ Idoneidade moral

A idoneidade moral é requisito para a **inscrição** como advogado nos quadros da OAB, bem como para **se manter** advogado, e pressupõe a ausência de condenação pela prática de crime infamante (art. 8º, § 4º, do EAOAB), salvo reabilitação judicial.

A **reabilitação afasta a inidoneidade moral e permite a inscrição** do advogado nos quadros da OAB.

Crime infamante é considerado qualquer crime contrário à **honra**, à **dignidade** e à **boa fama** de **quem o pratica**, como, por exemplo, homicídio doloso.

A idoneidade moral de uma pessoa que pretende se inscrever nos quadros da OAB é comprovada mediante assinatura de uma declaração nesse sentido.

Caso aquele que pretenda se inscrever na OAB possua processo relacionado a crime infamante, a sua idoneidade moral será comprovada mediante apresentação de certidão de objeto e pé do respectivo processo demonstrando a sua reabilitação criminal.

Atenção!

■ Nos termos do art. 94 do CP, a reabilitação poderá ser requerida, decorridos dois anos do dia em que a pena for extinta, de qualquer modo, computando-se o período de prova da suspensão e o do livramento condicional, se não sobrevier revogação, desde que o condenado:

☐ tenha tido domicílio no país no prazo de dois anos;

☐ tenha dado, durante esse tempo, demonstração efetiva e constante de bom comportamento público e privado;

☐ tenha ressarcido o dano causado pelo crime ou demonstre a absoluta impossibilidade de o fazer, até o dia do pedido, ou exiba documento que comprove a renúncia da vítima ou novação da dívida.

■ Caso a reabilitação seja negada, poderá ser requerida, a qualquer tempo, desde que o pedido seja instruído com novos elementos comprobatórios dos requisitos necessários.

■ Sem a reabilitação criminal, aquele que respondeu por crime infamante não poderá proceder com a sua inscrição.

A inidoneidade moral de uma pessoa que pretenda se inscrever nos quadros da OAB poderá ser suscitada por qualquer pessoa e deve ser declarada mediante decisão que obtenha no mínimo 2/3 dos votos de todos os membros do conselho competente, em procedimento que observe os termos do processo disciplinar. O procedimento para apuração da inidoneidade será instaurado de modo incidental pela OAB, junto ao processo de inscrição, após ser suscitado por qualquer pessoa, e será julgado pelo Conselho da Seccional.

A Seccional poderá, por sua vez, i) entender pela idoneidade e deferir a inscrição quando não houver elementos para configurar a inidoneidade, ou ii) declarar a inidoneidade da pessoa e indeferir a inscrição, mediante aprovação de 2/3 do Conselho Seccional.

O Conselho Pleno do Conselho Federal da OAB editou súmulas que tratam da inidoneidade moral de candidatos à inscrição nos quadros da OAB em casos de violação a prerrogativas da advocacia e prática de violência contra determinados grupos:

a) **Prerrogativas da advocacia (Súmula n° 6):** possibilidade de suscitação de incidente de apuração de inidoneidade quando se tratar de pessoa que, de forma **grave** e **reiterada**, tenha ofendido as **prerrogativas da advocacia**, sendo assegurado, nesse caso, o contraditório e a ampla defesa.

b) **Violência contra a mulher (Súmula n° 9):** a **prática de violência contra a mulher** constitui fator apto a demonstrar a **ausência de idoneidade moral** para a inscrição nos quadros da OAB.

c) **Violência contra crianças, adolescentes, idosos e pessoas com deficiência (Súmula nº 10):** constitui fator apto a demonstrar a **ausência de idoneidade moral** para a inscrição de bacharel em Direito nos quadros da OAB, **independentemente da instância criminal**, a **prática de violência** contra **crianças e adolescentes, idosos e pessoas com deficiência física ou mental.**

d) **Violência contra pessoas LGBTI+ (Súmula nº 11):** de acordo com esta súmula, a prática de **violência contra pessoas LGBTI+** – lésbicas, gays, bissexuais, travestis, transexuais, transgêneros e intersexo – em razão da orientação sexual, identidade de gênero ou expressão de gênero constitui fator apto a demonstrar a **ausência de idoneidade moral.**

Nas hipóteses indicadas basta a **prática** da violência, sendo dispensável a condenação criminal transitada em julgado – ou seja, um boletim de ocorrência ou apenas uma sentença de primeiro grau já se presta a comprovar a prática da violência que enseja a inidoneidade moral –, bem como será assegurado ao Conselho Seccional a análise de cada caso concreto.

■ **Compromisso perante o Conselho Seccional**

A inscrição do bacharel em Direito nos quadros da OAB depende, ainda, de compromisso perante o conselho seccional, um ato **solene, formal** e **personalíssimo,** no qual ocorre a entrega da Carteira e da Cédula de Advogado, reconhecidos como documentos de identidade civil em todo o território nacional.

A cerimônia poderá ser realizada *ad referendum,* com antecipação da solenidade, nos casos em que houver urgência da inscrição nos quadros da OAB. Ainda, por se tratar de ato personalíssimo, é vedado prestar compromisso por procuração.[7]

[7.] Diante da impossibilidade de prestar compromisso presencial durante o período da pandemia de Covid-19, alguns Conselhos Seccionais editaram portarias prevendo a prestação de compromisso de forma telepresencial.

5.2 Inscrição de estagiário na OAB

A inscrição de um estagiário nos quadros da OAB possui como requisitos aqueles previstos no art. 9º do EAOAB:

■ Preencher os requisitos mencionados nos incisos I, III, V, VI e VII do art. 8º do EAOAB, ou seja:
a) deter capacidade civil;
b) ter regularidade eleitoral e militar, se brasileiro;
c) não exercer atividade incompatível com a advocacia;
d) possuir idoneidade moral; e
e) prestar compromisso perante o conselho.

■ Ter sido admitido em estágio profissional de advocacia, com duração de dois anos, realizado nos últimos anos do curso jurídico, mantido pelas respectivas instituições de ensino superior pelos Conselhos da OAB, ou por setores, órgãos jurídicos e escritórios de advocacia credenciados pela OAB, sendo obrigatório o estudo do EAOAB e do CED.

A inscrição do estagiário deverá ser realizada perante o Conselho Seccional em cujo território se localize o seu curso jurídico, e aqueles que exercem atividades incompatíveis com a advocacia possuem permissão para frequentar o estágio ministrado pela respectiva instituição de ensino superior, apenas para fins de aprendizagem, sendo vedada, contudo, a sua inscrição como estagiário nos quadros da OAB.

O estágio profissional poderá ser cumprido por bacharel em Direito que pretenda se inscrever na OAB, e, por isso, o documento de identificação do estagiário possui prazo de validade de, no máximo, três anos, não podendo ser prorrogado. Ou seja, poderá ser utilizado pelo estudante nos últimos dois anos do curso jurídico, e por até um ano pelo bacharel que não realizou sua inscrição como advogado nos quadros da OAB.

Há possibilidade de o estágio profissional ser realizado em regime de teletrabalho ou trabalho à distância em sistema remoto ou não, por qualquer meio telemático, em caso de pandemias ou situações excepcionais que impossibilitem as atividades presenciais, declaradas pelo poder público, sem que a adoção de qualquer dessas modalidades configure vínculo de emprego.[8] Ressalte-se que, havendo concessão, pela parte contratante ou conveniada, de equipamentos, sistemas e materiais ou reembolso de despesas de infraestrutura ou instalação, destinados a viabilizar a realização da atividade de estágio na modalidade de teletrabalho ou trabalho remoto, essa informação deverá constar, expressamente, do convênio de estágio e do termo de estágio.[9]

Atenção!

- É permitida a realização de atos de advocacia pelo estagiário, desde que atue em conjunto – e sob orientação – de advogado ou defensor público.

- O estudante que exercer atividade incompatível com a advocacia poderá realizar estágio para fins de estudo e aprendizagem. Contudo, referido estudante, justamente por exercer atividade incompatível, não poderá se inscrever como estagiário na OAB.

- A inscrição do estagiário será realizada no Conselho Seccional do local onde se encontrar o seu curso jurídico.

O quadro a seguir aponta quais são os requisitos aplicáveis para cada uma das inscrições:

[8.] Art. 9º, § 5º, EAOAB.
[9.] Art. 9º, § 6º, EAOAB.

Requisito	Advogado	Estagiário
Capacidade civil	X	X
Diploma ou certidão de graduação	X	
Regularidade eleitoral e militar	X	X
Aprovação em Exame de Ordem	X	
Não exercer atividade incompatível com a advocacia	X	X
Idoneidade moral	X	X
Prestar compromisso	X	X
Estágio profissional de advocacia		X

5.3 Espécies de inscrição de advogados

As inscrições dos advogados nos quadros da OAB podem ser classificadas como principal e suplementar.

■ **Inscrição principal**

Deverá ser realizada no Conselho Seccional onde o advogado exercerá o seu domicílio profissional, ou seja, no local onde o advogado pretenda realizar suas atividades profissionais. É a sede principal das atividades da advocacia.

Caso haja dúvida, o domicílio profissional poderá ser o domicílio da pessoa física do advogado, e no caso de mudança de domicílio profissional do advogado para outra Unidade

Federativa do Brasil, caberá ao advogado requerer a transferência da sua inscrição para o Conselho Seccional pertinente.

A inscrição principal de um advogado permite a sua atuação profissional em todo o território nacional. Contudo, se essa atuação ocorrer de forma habitual em unidade federativa diversa daquela em que o advogado possui sua inscrição principal, será necessária a realização de inscrição suplementar.

■ Inscrição suplementar

A inscrição suplementar deverá ser requerida caso o advogado atue como habitualidade em Conselho Seccional – e, consequentemente, em Unidade Federativa – diferente daquela em que possui a inscrição principal.

É entendido como habitual o exercício da advocacia em mais de cinco causas judiciais por ano em Unidade Federativa diversa daquela em que o advogado realizou a sua inscrição principal.[10]

Não se consideram causas judiciais:

a) a advocacia extrajudicial e a atuação em processos administrativos, conforme a Súmula Vinculante n° 5 do STF;

b) a apresentação de parecer jurídico;

c) a impetração de *habeas corpus*, por não se tratar de ato privativo de advogado;

d) o acompanhamento de carta precatória; e

e) a advocacia nos tribunais superiores e tribunais interestaduais – tais como os Tribunais Regionais Federais (TRFs) e do Trabalho, que podem abranger mais de uma Unidade Federativa.

[10.] Art. 10, § 2°, do EAOAB.

Caso uma sociedade de advogados constitua filial em Conselho Seccional diverso daquele onde originalmente se instalar, todos os seus sócios, inclusive o titular de sociedade unipessoal de advocacia, estarão obrigados a proceder com inscrição suplementar perante o Conselho Seccional de onde a filial se instalar.[11]

5.4 Cancelamento ou licenciamento da inscrição

O **cancelamento** da inscrição importa na **interrupção definitiva**, de **caráter permanente**, da inscrição. Nessa situação a pessoa deixa de ser advogada e, se pretender uma nova inscrição no futuro, deverá realizar preencher os requisitos dos incisos I, V, VI e VII do art. 8° do EAOAB, e receberá um **novo** número.

São razões para o cancelamento de uma inscrição:[12]

a) **Requerimento do advogado:** o cancelamento poderá ser requerido pelo advogado sem a necessidade de apresentação de justificativa.

b) **Exclusão do advogado:** a aplicação da penalidade de exclusão enseja o cancelamento da inscrição do advogado. Nos casos em que houver exclusão um novo pedido de inscrição do advogado deverá ser acompanhado de provas de reabilitação disciplinar.

c) **Falecimento:** o falecimento do advogado enseja o cancelamento da sua inscrição.

d) **Exercício, em caráter definitivo, de atividade incompatível:** o exercício de atividades incompatíveis de forma **definitiva** enseja o cancelamento da inscrição do advogado dos quadros da OAB.

---

[11]   Art. 15, § 5°, do EAOAB.
[12]   Art. 11 do EAOAB.

e) **Perda de qualquer dos requisitos necessários para a inscrição:** a perda de qualquer dos requisitos para a inscrição[13] ocasiona o cancelamento da inscrição do advogado.

Na ocorrência de **exclusão, falecimento,** ou **incompatibilidade definitiva** com as atividades da advocacia, o cancelamento deverá ser promovido de **ofício,** pelo conselho competente ou por requerimento de qualquer pedido.

O **licenciamento** da inscrição[14] ocasionará a interrupção temporária da inscrição e, durante o período de licenciamento, o advogado permanece na condição de advogado, mas estará licenciado – e, portanto, não poderá exercer as atividades privativas de advogado. Após o encerramento do licenciamento, há o retorno às atividades com o mesmo número de inscrição. O licenciamento ocorrerá nas seguintes hipóteses:

a) **requisição do advogado:** realizado por requerimento do advogado mediante pedido justificado;

b) **incompatibilidade temporária:** ocorre no caso de exercício **temporário** de atividade incompatível com as atividades da advocacia;

c) **doença mental curável:** licenciamento de advogado acometido de doença mental considerada curável.

O licenciamento permite que o advogado permaneça inscrito nos quadros da OAB, mas não poderá realizar atividades privativas de advogado e, diante disso, não precisará pagar anuidade à Ordem.

---

13.   Art. 8° do EAOAB.
14.   Art. 12 do EAOAB.

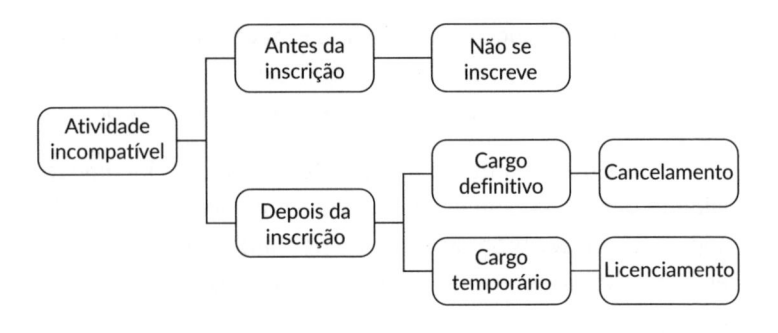

5.5 Identidade profissional e nome social

A carteira de advogado (brochura) e a cédula ou cartão são os documentos de **identidade profissional**, de **uso obrigatório** no exercício da atividade de advogado ou de estagiário e constitui prova de identidade civil para todos os fins legais e em todo o território nacional. Os documentos de identificação profissional podem ser emitidos, também, de forma digital.[15]

É obrigatória a indicação do nome e do número de inscrição do advogado em todos os documentos por ele assinados no exercício da sua atividade profissional, além de ser possível a **inclusão do nome social**[16] no documento de identidade profissional do advogado.

5.6 Advogado estrangeiro e estrangeiro que pretende ser advogado

O **advogado estrangeiro** é aquele que já atua como advogado em outro país e pretende atuar, também, em territó-

---

15. Resolução nº 1/2020 do Conselho Federal da Ordem dos Advogados do Brasil.
16. Nome pelo qual pessoas transexuais e travestis preferem ser chamados para evitar constrangimentos e que são apresentados de acordo com o gênero pelo qual se identificam.

rio brasileiro. Ele apenas poderá prestar consultoria referente a direito do seu país de origem, sendo **vedada** a postulação em juízo e a consultoria referente a direito brasileiro.

Nesse contexto, para que possa prestar a consultoria referente a direito do seu país de origem o advogado estrangeiro deverá solicitar uma autorização – ou inscrição para tanto – no Conselho Seccional do local em que pretenda realizar as suas atividades profissionais. Essa inscrição possui um caráter precário e validade de apenas três anos, sendo autorizada a sua prorrogação.

A **consultoria** é entendida como a resolução de dúvidas pontuais, enquanto a **assessoria** é configurada pela resolução e apoio habitual sobre dúvidas jurídicas.

O **estrangeiro que pretenda ser advogado no Brasil**, por sua vez, é aquele que não é brasileiro, mas pretende atuar como advogado em território brasileiro. Para tanto, deverá cumprir os requisitos do art. 8º do EAOAB (com exceção da regularidade eleitoral e militar) e, caso a graduação em curso jurídico tenha ocorrido no exterior, deverá ser realizada, ainda, a validação do diploma no Brasil (requisito válido, também, para os brasileiros graduados no exterior).

Cumpridos todos os requisitos para a regular inscrição nos quadros da OAB, além da revalidação do diploma, se for o caso, o estrangeiro poderá advogar ilimitadamente no Brasil.

Advogado português – Reciprocidade

O advogado português pode se inscrever na OAB sem a necessidade de prestar Exame de Ordem (desde que cumpridos os demais requisitos) e, em respeito à reciprocidade, os advogados brasileiros podem inscrever-se na Ordem dos Advogados Portugueses sem a necessidade de prestar Exame de Ordem em Portugal.

Resumo

Requisitos para inscrição de advogado:

- Capacidade civil.
- Diploma ou certidão de graduação em Direito.
- Regularidade eleitoral e militar.
- Aprovação em Exame de Ordem.
- Não exercer atividade incompatível com a advocacia.
- Idoneidade moral.
- Compromisso perante o conselho seccional.

Requisitos para inscrição de estagiário:

- Capacidade civil.
- Regularidade eleitoral e militar.
- Não exercer atividade incompatível com a advocacia.
- Idoneidade moral.
- Compromisso perante o conselho seccional.
- Estágio profissional de advocacia.

Espécies de inscrição de advogados:

- Inscrição principal.
- Inscrição suplementar.

Cancelamento da inscrição:

- Requerimento do advogado.
- Exclusão.
- Falecimento.
- Atividade incompatível em caráter definitivo.
- Perda dos requisitos para a inscrição.

Licenciamento:

- Requerimento do advogado.
- Incompatibilidade temporária.
- Doença mental curável.

6

Advogados e sociedades

6.1 Espécies de advogado

6.1.1 Advogado autônomo

É aquele que atua de forma independente, não vinculado a sociedades de advogados como associado ou sócio, e tampouco como advogado empregado subordinado.

6.1.2 Advogado público

É o advogado que exerce a advocacia no âmbito da Advocacia-Geral da União, da Defensoria Pública[1] e das Procuradorias e Consultorias Jurídicas dos Estados, Distrito

---

[1] O Superior Tribunal de Justiça (STJ) decidiu que os defensores públicos não precisam se inscrever na OAB para o exercício das suas atividades. O Conselho Federal da OAB e a OAB/SP interpuseram recurso ao STF (RE nº 1.240.999) questionando a decisão do STJ. Até o fechamento dessa edição o recurso não havia sido julgado. Caso a matéria seja cobrada em alguma prova discursiva, deverá ser analisado o contexto do julgamento – sobretudo se se tratar de prova de Defensoria Pública. Por outro lado, em se tratando de provas da OAB – até que seja realizado o efetivo julgamento – e em casos em que a questão indique expressamente a necessidade de resposta de acordo com o Regulamento Geral, será necessário observar a previsão do art. 9º do RGEAOAB.

Federal, Municípios, além de autarquias e fundações públicas.[2] Referidos advogados públicos são obrigados a proceder com a sua inscrição na OAB para que estejam aptos à realização de suas atividades profissionais e, por se tratar de advogados regularmente inscritos nos quadros da OAB, são elegíveis e podem integrar qualquer órgão da Ordem.

Os integrantes da advocacia pública se sujeitam ao regime do EAOAB, ao RGEAOAB e ao CED, de modo que são passíveis de infrações e sanções disciplinares aplicadas pela OAB.

6.1.3 Advogado associado

O advogado associado é aquele que atua como parceiro – e não empregado – de uma sociedade de advogados.[3] Os contratos de advogados associados devem ser averbados no registro da sociedade de advogados e os advogados sócios e associados respondem **subsidiária e ilimitadamente** pelos danos causados diretamente ao cliente, quando ocorrer **dolo ou culpa** e nas hipóteses de **ação ou omissão**, sem prejuízo, ainda, de eventual **responsabilidade disciplinar** pelos atos praticados em que possam incorrer.

6.1.4 Advogado empregado

Os advogados empregados atuam em favor do seu empregador mediante cumprimento dos requisitos caracterizadores da relação de emprego (subordinação, habitualidade, onerosidade e pessoalidade).

[2.] Art. 9º do RGEAOAB.
[3.] Arts. 39 e 40 do RGEAOAB.

Seguem algumas peculiaridades dessa relação:

- **Isenção técnica:** a relação de emprego não retira a isenção técnica, tampouco reduz a independência profissional inerentes à advocacia. Portanto, o advogado, ainda que empregado, mantém preservada a sua independência técnica e funcional. É garantido ao advogado empregado, ainda, o direito de não estar obrigado à prestação de serviços de interesse pessoal dos seus empregadores, fora da relação de emprego.
- **Salário mínimo:** ao advogado empregado é garantido o recebimento de um salário mínimo, fixado em sentença normativa, salvo se outro valor for ajustado em acordo ou convenção coletiva de trabalho. O salário mínimo profissional do advogado não será aquele previsto em lei, mas, sim, o ajustado em sentença normativa ou instrumento firmado no âmbito do Direito Coletivo do Trabalho.
- **Jornada de trabalho:** a jornada de trabalho do advogado empregado não poderá exceder a duração diária de oito horas contínuas e de 40 horas semanais.
  - ☐ As **horas extras** prestadas pelo advogado serão remuneradas com um **adicional de, no mínimo, 100%** sobre o valor da hora normal, mesmo que haja contrato escrito.
  - ☐ Todas as horas trabalhadas no período das **20:00h** de um dia **até às 05:00h** do dia seguinte deverão ser remuneradas como **noturnas**, sendo acrescidas, nesse caso, de um **adicional noturno de 25%**.
- **Despesas:** realizadas pelo advogado empregado a título de transporte, hospedagem e alimentação **devem ser-lhe reembolsadas** pelo seu empregador.
- **Honorários sucumbenciais:**

☐ Nas causas em que o empregador – que **não** seja **sociedade de advogados** – ou pessoa por ele representada for parte, os honorários advocatícios de **sucumbência serão devidos aos advogados empregados.**

☐ Quando o **empregador** for **sociedade de advogados**, por sua vez, os honorários de sucumbência percebidos serão **partilhados** entre o advogado e o empregador, na forma estabelecida em acordo.

☐ Os **honorários sucumbenciais**, por decorrerem do exercício da advocacia, **não integram o salário ou a remuneração** do advogado e, por conseguinte, não podem ser considerados para efeitos trabalhistas ou previdenciários.

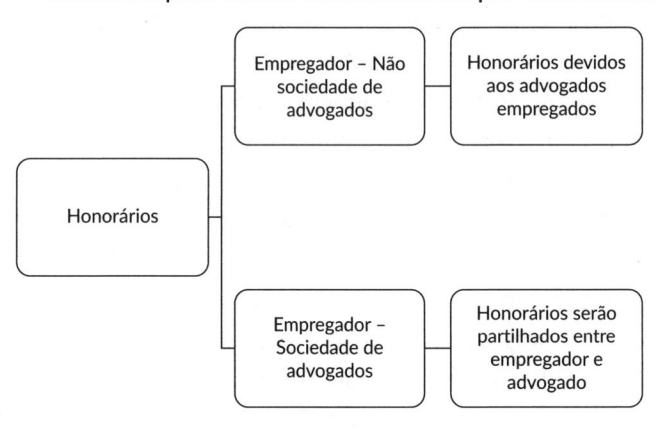

Atenção!

A critério do empregador, as atividades do advogado empregado poderão ser realizadas em qualquer um dos seguintes regimes:

■ exclusivamente presencial: o advogado empregado realizará o trabalho nas dependências ou locais indicados pelo empregador;

■ não presencial, teletrabalho ou trabalho a distância: trabalho preponderantemente realizado fora das dependências do empregador.

O comparecimento nas dependências de forma não permanente, variável ou para participação em reuniões ou em eventos presenciais não descaracterizará o regime não presencial;

■ misto: modalidade na qual as atividades do advogado poderão ser presenciais, no estabelecimento do contratante ou onde este indicar, ou não presenciais, conforme as condições definidas pelo empregador em seu regulamento empresarial, independentemente de preponderância ou não.

É permitido às partes pactuarem por acordo individual simples, no curso da relação de emprego entre advogado e empregador, a alteração de um regime para outro.

6.2 Sociedade de advogados

As sociedades de advogados são simples e podem ser pluripessoais ou unipessoais (individuais).

a) Sociedades individuais ou **unipessoais** são formadas por **um único sócio** que deverá, necessariamente, ser advogado.

b) Sociedades **pluripessoais** são formadas por **mais de um sócio**, e todos os sócios deverão, necessariamente, ser advogados.

■ Registro

As sociedades de advogados adquirem personalidade jurídica com o **registro no respectivo Conselho Seccional**, em cuja base territorial tiver sede. É vedado às sociedades de advogados o registro em cartórios de registro civil ou juntas comerciais.

■ **Participação simultânea em sociedades**

É **vedado** aos advogados **integrar** mais de uma **sociedade de advogados** ou **constituir** mais de uma **sociedade unipessoal de advocacia**, bem como **integrar, simultaneamente, uma sociedade de advogados** e uma **sociedade unipessoal de advocacia**, com **sede ou filial** na mesma área territorial do respectivo **Conselho Seccional**.

Mesmo Conselho Seccional
• Sociedade de Advogados (I) – Sede
• Sociedade de Advogados (II) – Filial
• **VEDADO**

Mesmo Conselho Seccional
• Sociedade de Advogados – Sede
• Sociedade Unipessoal de Advogados – Sede
• **VEDADO**

Um advogado não pode **integrar** mais de uma sociedade na mesma seccional simultaneamente, mas poderá ser **empregado** ou atuar como advogado **autônomo** na mesma seccional.

■ **Constituição de filiais**

É permitida a existência de **filiais** de sociedade de advogados, cuja constituição deverá ser **averbada** no registro da sociedade e arquivada no Conselho Seccional onde se instalar. Nessa situação, todos os sócios da sociedade que for constituir a filial ficam obrigados a proceder com a inscrição suplementar no local da filial.

■ **Sede, filial ou local de trabalho das sociedades**

As sociedades de advogados e as sociedades unipessoais de advocacia podem ter como sede, filial ou local de trabalho espaço de uso individual ou compartilhado com outros escritórios de advocacia ou empresas, desde que respeitadas as hipóteses de sigilo previstas em Lei e no CED.[4]

■ Conflito de interesses

Os advogados que forem **sócios** de uma mesma sociedade profissional **não poderão representar clientes com interesses oposto**s.

A atuação de sócios de uma mesma sociedade em favor de clientes com interesses opostos, simultânea ou sucessivamente, é classificada como crime de **patrocínio simultâneo ou tergiversação**.[5]

■ Sociedades não admitidas

Não é admitido o registro, e tampouco poderão funcionar as seguintes sociedades:

Não são admitidas e não podem funcionar			
Sociedades que apresentem forma ou característica de **sociedade empresária**	Sociedades que adotem **denominação fantasia**	Sociedades que realizem atividades **estranhas à advocacia**	Sociedades que incluam como sócio ou titular de socidade unipessoal de advocacia **pessoa não inscrita como advogado ou totalmente proibida de advogar**

---

4.   Art. 15, § 12, EAOAB.
5.   Art. 355, parágrafo único, do CP.

■ **Relações mantidas entre advogados e sociedades**

Caberá ao Conselho Federal da OAB a fiscalização, o acompanhamento e a definição de parâmetros e de diretrizes da relação jurídica mantida tanto entre advogados e sociedades de advogados quanto entre escritório de advogados sócios e advogado associado.[6] O Conselho deverá fiscalizar e acompanhar, inclusive, o cumprimento dos requisitos norteadores da associação quanto à existência ou não de vínculo empregatício, de modo que não será admitida a averbação do contrato de associação[7] que contenha, em conjunto, os elementos caracterizadores de relação de emprego previstos na Consolidação das Leis do Trabalho.[8]

■ **Denominação da sociedade de advogados**

Nas sociedades pluripessoais de advogados, a denominação deverá conter, obrigatoriamente, o nome de, pelo menos, um **advogado responsável**. É permitido, ainda, que na denominação da sociedade permaneça o nome de **sócio falecido**. Por outro lado, é vedada a utilização de nome fantasia ou expressões de caráter empresarial.

A denominação nas sociedades **unipessoais** de advocacia, por sua vez, deverá ser, obrigatoriamente, formada pelo **nome completo ou parcial do sócio**, acrescida da expressão **"Sociedade Individual de Advocacia"**.

São proibidas as razões sociais iguais ou semelhantes, de modo que, caso haja identidade ou semelhança, prevalece-

---

[6.]   Art. 15, § 10, EAOAB.
[7.]   Art. 15, § 11, EAOAB.
[8.]   De acordo com o art. 3º da CLT são requisitos do vínculo de emprego a pessoalidade, onerosidade, não eventualidade e subordinação.

rá a razão social da inscrição mais antiga e, sendo constatada identidade ou semelhança nas razões sociais e, caso a própria sociedade com registro mais recente não requeira a alteração da sua razão social, acrescentando ou excluindo dados que a distingam da sociedade registrada anteriormente, o Conselho Federal da OAB solicitará, de ofício, a referida alteração.

■ Incompatibilidade e impedimento

Tendo em vista que apenas advogados podem ser sócios de sociedades de advocacia, os efeitos de eventuais licenciamentos, cancelamentos e impedimentos de um dos sócios poderão impactar em toda a sociedade.

a) **Incompatibilidade temporária – Licenciamento**: caso um sócio passe a exercer atividade incompatível com a advocacia, em caráter temporário (licenciamento), tal situação deverá ser averbada no registro da sociedade, e não implicará na exclusão do advogado da sociedade de advogados à qual pertença, sendo proibida a exploração do nome e imagem do advogado licenciado em favor da sociedade.

Ou seja, se determinado advogado, pertencente a sociedade de advogados, for eleito como governador de um Estado, estará temporariamente impedido de realizar atos privativos de advogado, mas continuará integrando referida sociedade – desde que tal situação seja averbada no registro da sociedade – sem a necessidade de alteração do nome social.

Desse modo, se, por exemplo, João Silva Santos, sócio da sociedade Silva Santos e Oliveira Advogados Associados em conjunto com José Oliveira e Maria Oliveira, for eleito como governador do Estado de Santa Catarina, sua sociedade poderá permanecer com a denominação de Silva Santos e Oliveira Advogados Associados.

b) **Incompatibilidade definitiva – Cancelamento:** o cancelamento da inscrição de um dos sócios – pelo exercício, por exemplo, de atividade incompatível com a advocacia em caráter permanente – integrantes de uma sociedade de advogados importará na alteração do contrato social para que se proceda com a retirada de referido sócio.

Portanto, se um advogado, pertencente a uma sociedade de advogados, passar a exercer atividades de juiz, estará impedido de realizar atos privativos de advogado em caráter definitivo. Sua inscrição na Ordem dos Advogados do Brasil será cancelada e o seu nome deverá ser retirado da sociedade a que pertença.

Assim, se, por exemplo, o mesmo João Silva Santos, sócio da sociedade Silva Santos e Oliveira Advogados Associados em conjunto com José Oliveira e Maria Oliveira, for aprovado em concurso como juiz do trabalho, sua inscrição na OAB será cancelada, o que ocasionará a sua retirada da sociedade e da denominação social, de modo que a sociedade, anteriormente denominada como Silva Santos e Oliveira Advogados Associados, passará a ser denominada como Oliveira Advogados Associados.

Caso o advogado com a inscrição cancelada seja sócio de sociedade individual de advocacia, o cancelamento da inscrição ocasionará a extinção da sociedade.

c) **Impedimento:** se um dos sócios de uma sociedade se torne impedido para exercer a advocacia – nos casos de i) servidores da administração direta, indireta e fundacional, contra a Fazenda Pública que o remunere ou à qual seja vinculada a entidade empregadora, ou ii) membros do Poder Legislativo, contra ou a favor de toda a administração pública – o advogado poderá permanecer na sociedade, mas carregará para ela o seu impedimento pessoal.

Ou seja, se José Silva Santos, sócio da Silva Santos e Oliveira Advogados Associados, for eleito como vereador e permanecer na sociedade que compunha antes da sua eleição, não apenas José, mas a Silva Santos e Oliveira Advogados Associados, como um todo, estará impedida de advogar contra ou a favor de toda a administração pública, em qualquer esfera.

◼ Responsabilidade

Além da sociedade, os sócios e o titular da sociedade de advocacia respondem subsidiária e ilimitadamente pelos danos que forem causados aos clientes por ação ou omissão no exercício da advocacia, sem prejuízo de responsabilidade disciplinar que possam incorrer.

◼ Procurações

Ainda que façam parte de uma mesma sociedade de advogados, as procurações deverão ser outorgadas individualmente aos advogados, com a indicação da sociedade em que façam parte.

Por outro lado, o CPC autoriza, no art. 272, §§ 1º e 2º, que os advogados requeiram que, na intimação a eles dirigida, figure apenas o nome da sociedade a que pertençam, desde que este esteja devidamente registrado na OAB.

■ Outras informações

Cônjuges sócios	• Cônjuges podem figurar em uma mesma sociedade de advogados. • Essa autorização independe do regime de casamento.
Honorários advocatícios	• O pagamento de honorários advocatícios pode ser feito em favor da sociedade de advogados. • O pagamento dos honorários em favor da sociedade não lhe retira a sua natureza alimentar.
Administração da sociedade	• As sociedades de advogados poderão adotar a forma que melhor lhe convir de administração social, sendo permitida a indicação de sócios gerentes.
Advogado e preposto	• O advogado que atuar como preposto não poderá atuar como advogado no mesmo processo.

Atenção!

Constitui infração disciplinar, punível com censura, a manutenção de sociedade profissional fora das normas e preceitos estabelecidos no EAOAB, no Regulamento Geral, no CED e nos provimentos editados pela OAB.

Resumo

■ **Advogado autônomo:**
  □ Atua de forma independente.
■ **Advogado público:**
  □ Exerce a advocacia no âmbito público.
  □ Obrigado a proceder com a sua inscrição na OAB.

- **Advogado associado:**
  - ☐ Atua como parceiro.
  - ☐ Não é empregado.
  - ☐ Contrato averbado no registro da sociedade de advogados.
- **Advogado empregado:**
  - ☐ Requisitos da relação de emprego.
  - ☐ Mantém a isenção técnica nem reduz a independência funcional.
  - ☐ Garantido o salário mínimo ajustado em sentença normativa, Acordo Coletivo de Trabalho (ACT) ou Convenção Coletiva de Trabalho (CCT).
  - ☐ Jornada
    - ● Noturna: das 20:00h às 05:00h – adicional de 25%.
- **Sociedade de advogados:**
  - ☐ Pluripessoais ou unipessoais.
  - ☐ Registro no Conselho Seccional.
  - ☐ Vedado integrar mais de uma sociedade no mesmo Conselho Seccional simultaneamente.
  - ☐ Vedado representar simultaneamente clientes com interesses opostos.
  - ☐ A manutenção de sociedade profissional fora das normas importa em infração.

7

Marketing jurídico – publicidade no exercício da advocacia

A publicidade dos advogados e da sociedade de advogados deverá ser realizada com discrição, moderação e sobriedade, em caráter meramente informativo, não podendo configurar captação de clientela ou mercantilização da profissão. O *marketing* jurídico é permitido desde que exercido de forma compatível com os preceitos éticos e respeitadas as limitações impostas pelo EAOAB, pelo Regulamento Geral e pelo CED.

Os anúncios de publicidade de serviços de advocacia devem sempre indicar o nome ou o nome social do advogado ou da sociedade com o respectivo número de inscrição ou registro, além de ser redigidos em português ou, se em outro idioma, fazer-se acompanhar da respectiva tradução.

As informações veiculadas a título de *marketing* jurídico deverão ser objetivas e verdadeiras, bem como são de exclusiva responsabilidade das pessoas físicas ou jurídicas nela identificadas.

Devem ser observados os seguintes conceitos dispostos nos incisos do art. 2º do Provimento nº 205/2021 do Conselho Federal da OAB:

- **Marketing jurídico:** especialização do marketing destinada aos profissionais da área jurídica, consistente na utilização de estratégias planejadas para alcançar objetivos do exercício da advocacia.
- **Marketing de conteúdos jurídicos:** estratégia de marketing que se utiliza da criação e da divulgação de conteúdos jurídicos, disponibilizados por meio de ferramentas de comunicação, voltada para informar o público e para a consolidação profissional do(a) advogado(a) ou escritório de advocacia.
- **Publicidade:** meio pelo qual se tornam públicas as informações a respeito de pessoas, ideias, serviços ou produtos, utilizando os meios de comunicação disponíveis, desde que não vedados pelo CED.
- **Publicidade profissional:** meio utilizado para tornar públicas as informações atinentes ao exercício profissional, bem como os dados do perfil da pessoa física ou jurídica inscrita na OAB, utilizando os meios de comunicação disponíveis, desde que não vedados pelo CED.
- **Publicidade de conteúdos jurídicos:** divulgação destinada a levar ao conhecimento do público conteúdos jurídicos.
- **Publicidade ativa:** divulgação capaz de atingir número indeterminado de pessoas, mesmo que elas não tenham buscado informações acerca do anunciante ou dos temas anunciados.
- **Publicidade passiva:** divulgação capaz de atingir somente público certo que tenha buscado informações acerca do anunciante ou dos temas anunciados, bem como por aqueles que concordem previamente com o recebimento do anúncio.

■ **Captação de clientela:** para fins deste provimento, é a utilização de mecanismos de *marketing* que, de forma ativa, independentemente do resultado obtido, se destinam a angariar clientes pela indução à contratação dos serviços ou estímulo do litígio, sem prejuízo do estabelecido no CED e regramentos próprios.

7.1 Publicidade autorizada

É permitida a publicidade profissional que possua caráter meramente informativo e prime pela discrição e sobriedade, não podendo configurar captação de clientela ou mercantilização da profissão.

A publicidade profissional permitida é aquela que torna públicos o perfil profissional e as informações atinentes ao exercício profissional de forma sóbria, discreta e informativa, vedada a ostentação em tais manifestações.

Diante da indispensável necessidade de preservação do prestígio da advocacia, as normas estabelecidas quanto à regulamentação da publicidade jurídica também se aplicam à divulgação de conteúdos que, apesar de não se relacionarem com o exercício da advocacia, possam atingir a reputação da classe à qual o profissional pertence.

É autorizada a **publicidade informativa**, com os seguintes elementos:

a) identificação pessoal e curricular do advogado ou da sociedade de advogados;

b) número da inscrição do advogado ou do registro da sociedade;

c) endereço do escritório principal e filiais, telefones, fax e endereços eletrônicos;

d) áreas ou matérias jurídicas de exercício;

e) diploma de bacharel em Direito, títulos acadêmicos e qualificações profissionais obtidos em estabelecimentos reconhecidos, relativos à profissão de advogado;

f) indicação das associações culturais e científicas de que faça parte o advogado ou a sociedade de advogados;

g) nomes e nomes sociais dos advogados integrados ao escritório;

h) horário de atendimento ao público; e

i) idiomas falados ou escritos.

São **meios lícitos** de publicidade da advocacia:[1]

a) cartões de visita e de apresentação do escritório, contendo apenas informações objetivas;

b) placa identificativa do escritório, afixada no local onde se encontra instalado;

c) anúncio do escritório em listas de telefone e análogas;

d) comunicação de mudança de endereço e de alteração de outros dados de identificação do escritório nos diversos meios de comunicação escrita, assim como por meio de mala direta aos colegas e aos clientes cadastrados;

e) menção da condição de advogado e, se for o caso, do ramo de atuação, em anuários profissionais, nacionais ou estrangeiros;

f) divulgação das informações objetivas, relativas ao advogado ou à sociedade de advogados, com modicidade, nos meios de comunicação escrita e eletrônica.

[1.] As malas-diretas e os cartões de apresentação só poderão ser fornecidos a colegas, clientes ou pessoas que os solicitem ou os autorizem previamente – não sendo permitido o seu envio e a sua entrega indiscriminada.

No *marketing* de conteúdo jurídico, poderá ser utilizada a publicidade ativa ou passiva, admitida a identificação profissional com qualificação e títulos, desde que verdadeiros e comprováveis quando solicitados pela OAB, bem como com a indicação da sociedade da qual faz parte.

Serão respeitados, na divulgação de imagem, vídeo ou áudio contendo atuação profissional, inclusive em audiências e sustentações orais, em processos judiciais ou administrativos, não alcançados, por segredo de justiça, **o sigilo e a dignidade profissional.**

É permitida à publicidade profissional a) a utilização de anúncios, pagos ou não, nos meios de comunicação não vedados pelo CED, b) a utilização de logomarca e imagens, inclusive fotos dos advogados e do escritório, assim como a identidade visual nos meios de comunicação profissional, sendo vedada a utilização de logomarca e símbolos oficiais da OAB, e c) a participação do advogado ou da advogada em vídeos ao vivo ou gravados, na internet ou nas redes sociais, assim como em debates e palestras virtuais, desde que observadas as regras dos arts. 42 e 43 do CED, sendo vedada a utilização de casos concretos ou a apresentação de resultados.

Nas hipóteses de venda de bens e eventos (livros, cursos, seminários ou congressos), cujo público-alvo sejam advogados, estagiários ou estudantes de direito, poderá ser utilizada a publicidade ativa.

Atenção!

■ Não caracteriza infração ético-disciplinar o exercício da advocacia em locais compartilhados (*coworking*).

■ É vedada a divulgação da atividade de advocacia em conjunto com qualquer outra atividade ou empresa que compartilhe o mesmo espaço, **ressalvada a possibilidade** de afixação de placa indicativa no espaço físico em que se desenvolve a advocacia, e a **veiculação da informação** de que a **atividade profissional é desenvolvida em local de *coworking*.**

7.2 Publicidade proibida

Não é permitido ao advogado em qualquer publicidade relativa à advocacia:

a) Prática de atividade que configure **captação de clientela ou mercantilização** da profissão.

b) Referência, direta ou indireta, a valores de honorários, forma de pagamento, gratuidade ou descontos e reduções de preços como forma de captação de clientes.

c) Divulgar informações que possam induzir a erro ou causar dano a clientes, a outros advogados ou à sociedade.

d) Anunciar especialidades para as quais **não possua título certificado** ou notória especialização.[2]

e) Utilizar-se de orações ou expressões persuasivas, de autoengrandecimento ou de comparação.

f) Distribuir brindes, cartões de visita, material impresso e digital, apresentações dos serviços ou afins **de maneira indiscriminada** em locais públicos, presenciais ou virtuais, salvo em eventos de interesse jurídico.

g) Incitar **diretamente ao litígio judicial**, administrativo ou à contratação de serviços.

[2.] De acordo com o parágrafo único do art. 3º-A do EAOAB, "considera-se notória especialização o profissional ou a sociedade de advogados cujo conceito no campo de sua especialidade, decorrente de desempenho anterior, estudos, experiências, publicações, organização, aparelhamento, equipe técnica ou de outros requisitos relacionados com suas atividades, permita inferir que o seu trabalho é essencial e indiscutivelmente o mais adequado à plena satisfação do objeto do contrato".

h) Realizar publicidade que vise à promoção pessoal.

i) Apresentar qualquer informação relativa às dimensões, qualidades ou estrutura física do escritório, assim como a menção à **promessa de resultados** ou a utilização de casos concretos para oferta de atuação profissional.

j) Vincular os serviços advocatícios com outras atividades ou divulgação conjunta de tais atividades, salvo a de magistério, ainda que complementares ou afins.

Vedação a:	
Impulsionamento	• *Marketing* jurídico realizado mediante uso de meios ou ferramentas que influam de forma fraudulenta no seu impulsionamento ou alcance.
Rankings e prêmios	• Pagamento, patrocínio ou efetivação de qualquer outra despesa para viabilizar aparição em *rankings*, prêmios ou qualquer tipo de recebimento de honrarias em eventos ou publicações, em qualquer mídia, que vise destacar ou eleger profissionais como detentores de destaque.
Ostentação	• Qualquer publicidade a ostentação de bens relativos ao exercício ou não da profissão, como uso de veículos, viagens, hospedagens e bens de consumo, bem como a menção à promessa de resultados ou a utilização de casos concretos para oferta de atuação profissional.
Decisões e resultados	• Referência ou menção a decisões judiciais e resultados de qualquer natureza obtidos em procedimentos que patrocina ou participa de alguma forma, ressalvada a hipótese de manifestação espontânea em caso coberto pela mídia.

Em suas manifestações públicas, estranhas ao exercício da advocacia, entrevistas ou exposição, o advogado deverá se abster de:

a) analisar casos concretos, salvo quando arguido sobre questões em que esteja envolvido como advogado constituído;

b) responder, com habitualidade, a consultas sobre matéria jurídica por qualquer meio de comunicação;

c) debater causa sob seu patrocínio ou sob patrocínio de outro advogado;

d) comportar-se de modo a realizar promoção pessoal;

e) insinuar-se para reportagens e declarações públicas; e

f) abordar tema de modo a comprometer a dignidade da profissão e da instituição que o congrega.

Não são admitidos como veículos de publicidade da advocacia, sendo vedados anúncios pagos ou não, em:

a) rádio, cinema e televisão;

b) *outdoors*, painéis de propaganda e anúncios luminosos;

c) muros, paredes, veículos e elevadores e quaisquer meios de publicidade em vias e espaços públicos;

d) divulgação de serviços de advocacia juntamente com a de outras atividades ou a indicação de vínculos entre uns e outros;[3]

e) fornecimento de dados para contato em participação em programas de rádio ou televisão, matérias da internet e colunas ou artigos; e

---

3. Com exceção do compartilhamento de local de trabalho, no qual é ressalvada a possibilidade de afixação de placa indicativa no espaço físico em que se desenvolve a advocacia, com a veiculação da informação de que a atividade profissional é desenvolvida em local de *coworking*.

f) utilização de mala direta, distribuição de panfletos ou formas assemelhadas de publicidade, com o intuito de captação de clientela.

Comitê Regulador do *Marketing* Jurídico	• Possui caráter consultivo, vinculado à Diretoria do Conselho Federal, e é a quem cabe acompanhar a evolução dos critérios específicos sobre *marketing*, publicidade e informação na advocacia.
Consultores e sociedades de consultores em direito estrangeiro	• Os consultores e sociedades devidamente autorizados pela OAB somente poderão realizar o *marketing* jurídico com relação às suas atividades de consultoria em direito estrangeiro correspondente ao país ou Estado de origem do profissional interessado. • Para este fim, nas peças de caráter publicitário a sociedade acrescentará obrigatoriamente ao nome ou razão social que internacionalmente adote a expressão "Consultores em direito estrangeiro".

Nas hipóteses em que não forem observadas as normas referentes à publicidade previstas nos arts. 39 a 47 do CED da OAB, é possível[4] a celebração de Termo de Ajustamento de Conduta (TAC) por advogado ou estagiário, detentor de regular inscrição nos quadros da OAB, que não tiver contra si condenação transitada em julgado por representação ético-disciplinar, ressalvadas as hipóteses de reabilitação.

Resumo

Publicidade:

- Realizada com discrição, moderação e sobriedade.
- Caráter meramente informativo.

[4.] Conforme a) o art. 47-A do CED, b) a Resolução nº 4/2020 do Conselho Federal da OAB e c) o art. 1º do Provimento nº 200/2020 do Conselho Federal da OAB.

■ Não pode configurar captação de clientela ou mercantilização da profissão.

Autorizada:

■ Identificação pessoal e curricular do advogado ou da sociedade de advogados.

■ Número da inscrição do advogado ou do registro da sociedade.

■ Endereço do escritório principal e das filiais, telefones, fax e endereços eletrônicos.

■ Áreas ou matérias jurídicas de exercício preferencial.

■ Diploma de bacharel em Direito.

■ Títulos acadêmicos.

■ Qualificações profissionais obtidas em estabelecimentos reconhecidos, relativos à profissão de advogado.

■ Indicação das associações culturais e científicas de que faça parte o advogado ou a sociedade de advogados.

■ Nomes e nomes sociais dos advogados integrados ao escritório.

■ Horário de atendimento ao público.

■ Idiomas falados ou escritos.

Proibido:

■ Prática de atividade que configure captação de clientela ou mercantilização da profissão.

■ Referência, direta ou indireta, a valores de honorários, forma de pagamento, gratuidade ou descontos e reduções de preços como forma de captação de clientes.

■ Divulgação de informações que possam induzir a erro ou causar dano a clientes, a outros advogados ou à sociedade.

■ Anunciar especialidades para as quais não possua título certificado ou notória especialização.[5]

---

5. De acordo com o parágrafo único do art. 3º-A do EAOAB, "considera-se notória especialização o profissional ou a sociedade de advogados cujo conceito no campo de sua especialidade, decorrente de desempenho anterior, estudos, experiências, publicações, organização, aparelhamento, equipe técnica ou de outros requisitos

- Utilizar-se de orações ou expressões persuasivas, de autoengrandecimento ou de comparação.

- Distribuir brindes, cartões de visita, material impresso e digital, apresentações dos serviços ou afins de maneira indiscriminada em locais públicos, presenciais ou virtuais, salvo em eventos de interesse jurídico.

- Incitar diretamente ao litígio judicial, administrativo ou à contratação de serviços.

- Realizar publicidade que vise à promoção pessoal.

- Apresentar qualquer informação relativa às dimensões, às qualidades ou à estrutura física do escritório, assim como a menção à promessa de resultados ou a utilização de casos concretos para oferta de atuação profissional.

- Vincular os serviços advocatícios com outras atividades ou divulgação conjunta de tais atividades, salvo a de magistério, ainda que complementares ou afins.

---

relacionados com suas atividades, permita inferir que o seu trabalho é essencial e indiscutivelmente o mais adequado à plena satisfação do objeto do contrato".

8

Mandato judicial

8.1 Introdução

De acordo com o disposto no art. 653 do Código Civil, "opera-se o mandato quando alguém recebe de outrem poderes para, em seu nome, praticar atos ou administrar interesses". O instrumento do mandato é a procuração, e o mandato é o contrato pelo qual o outorgante nomeia e constitui o outorgado para representação judicial ou extrajudicial.

O mandato pode ser outorgado por instrumento **público** ou **particular**. A procuração outorgada por instrumento **particular dispensa** o reconhecimento de **firma**, enquanto o instrumento **público exige** o **reconhecimento** da referida firma. A procuração poderá ser assinada, também, digitalmente, na forma estipulada em lei.

Devem constar, obrigatoriamente, da procuração, os seguintes itens: a) nome e qualificação do outorgante, ou dos outorgantes; b) nome e qualificação do outorgado, ou dos outorgados; c) poderes outorgados na procuração; d) data e assinatura do outorgante, ou dos outorgantes; e e) endereço físico e digital.[1]

---

[1] Trata-se de previsão do art. 105, § 2°, do CPC.

8.2 Partes envolvidas

Outorgante: pessoa que concede poderes e se torna o representado por meio da assinatura do instrumento (qualquer pessoa poderá ser outorgante de poderes no mandato judicial).

Outorgado: aquele que recebe os poderes indicados na procuração e passa a atuar como representante do outorgante. Somente aqueles que exerçam a atividade de advogado ou estagiário, regularmente inscritos na OAB, podem figurar como outorgados em instrumentos de mandato judicial.

8.3 Poderes

A procuração geral para foro se presta a habilitar o advogado à prática de todos os atos do processo.

Os atos a seguir descritos, por não se considerarem como "foro geral", devem constar de cláusula específica: a) receber citação; b) confessar; c) reconhecer a procedência do pedido; d) transigir; e) desistir; f) denunciar; g) renunciar ao direito sobre o qual se funda a ação; h) receber; i) dar quitação; j) firmar compromisso; e k) assinar declaração de hipossuficiência econômica.

A procuração outorgada em fase de conhecimento terá **eficácia para todas as fases do processo**, inclusive para o cumprimento de sentença, **salvo disposição em sentido contrário**, que deverá constar expressamente do próprio instrumento de mandato.

8.4 Urgência

Em regra, o advogado deverá postular em juízo mediante apresentação do seu instrumento de mandato. Excepcionalmente o advogado poderá atuar sem procuração,[2] por 15 dias prorrogáveis por igual período,[3] em caso de urgência e para evitar preclusão, decadência ou prescrição. O prazo iniciar-se-á no primeiro dia útil seguinte ao ato da representação.

Cabe ao advogado ratificar os atos praticados no momento da apresentação da procuração,[4] na medida em que os atos não ratificados serão considerados ineficazes em relação àquele em cujo nome foram praticados.

8.5 Riscos do mandato

Cabe ao advogado, no cumprimento do seu mandato, informar o seu cliente, de maneira clara e inequívoca, quanto a eventuais riscos da sua pretensão e consequências que poderão dela advir, além de denunciar situações que possam influir na ação e indicar as possibilidades e chances de êxito e perda das demandas, sem, jamais, prometer resultados aos seus clientes.

Ainda, compete ao advogado agir com zelo e cautela ao analisar a possibilidade de ajuizamento de uma futura demanda, para evitar o envio à apreciação do juízo de aventuras jurídicas e lides flagrantemente temerárias.

As relações mantidas entre advogado e cliente são baseadas na confiança recíproca. Dessa forma, em havendo dúvida acerca de determinado ponto ou informação, é recomendável que a situação seja exposta ao cliente para que a questão seja resolvida. Caso não seja possível o saneamento da dúvida

---

[2.]   Art. 5°, § 1°, do EAOAB.
[3.]   Não há autorização para atuar por 30 dias, mas, sim, por 15 dias prorrogáveis por igual período.
[4.]   Art. 104, § 2°, do CPC.

– ou o cliente se recuse a esclarecer – o advogado deverá, em atenção ao princípio da confiança, substabelecer o processo sem reservas ou promover a sua renúncia ao caso.

A extinção do mandato importará na obrigação de devolução de bens que estiverem sob a guarda do advogado, além da necessidade de prestação de contas ao outorgante.

8.6 Recusa do mandato

Não havendo necessidade de urgência na adoção de medidas inadiáveis ou inexistindo justo motivo, o advogado deve recusar mandato de cliente que omita fato de já ter constituído outro advogado nos autos, sob pena de implicações éticas.

8.7 Imposição do cliente e independência do advogado

O advogado não tem obrigação de se sujeitar à imposição do cliente caso ele queira outro advogado atuando em conjunto.

8.8 Início do mandato

O início do mandato se dá pela constituição (assinatura, pelo outorgante, do ato de constituição) ou nomeação do advogado (nas situações em que não há documento expresso de constituição do advogado).

A nomeação pode se dar de duas formas: *ad hoc* ou *apud acta*.

a) Nomeação *ad hoc* – ou "para isto": utilizada para atos e finalidades específicas. O advogado é nomeado apenas para um determinado ato do processo, e não há necessidade de juntada de procuração nos autos.

b) Mandato tácito, ou nomeação *apud acta*: dá-se pela possibilidade de constituição de advogado não por procuração juntada aos autos, mas, sim, pelo simples registro da nomeação em ata de audiência, a requerimento verbal do advogado e com a anuência da parte representada. Tal situação costuma ocorrer na Justiça do Trabalho.[5]

8.9 Prazos

O mandato judicial ou extrajudicial, de acordo com a previsão do CED, não se extingue pelo decurso do tempo e apenas deixará de produzir efeitos com a conclusão da causa e o arquivamento do processo. O mandato extrajudicial, por sua vez, protrair-se-á no tempo e se encerrará, tão somente, no termo fixado ou quando revogado ou renunciado.

8.10 Formas de extinção do mandato

O mandato pode se extinguir pelas seguintes razões:

a) **Conclusão da causa ou arquivamento do processo:** presume-se cumprido e extinto o mandato quando concluída a causa ou arquivado o processo, como indicado no item anterior.

b) **Renúncia:** a renúncia ocorre nas situações em que o advogado não tem mais interesse em permanecer na causa. Ou seja, trata-se de ato realizado pelo outorgado, e poderá ocorrer qualquer tempo no curso do mandato.

[5.] Art. 791, § 3º, CLT: "A constituição de procurador com poderes para o foro em geral poderá ser efetivada, mediante simples registro em ata de audiência, a requerimento verbal do advogado interessado, com anuência da parte representada".

c) **Revogação:** a revogação do mandato, por sua vez, ocorre por vontade do outorgante, ou seja, quando o cliente pretende revogar os poderes outorgados ao advogado. Trata-se de ato unilateral do outorgante.

d) **Substabelecimento sem reserva de poderes:** o ato de substabelecer um processo, sem reserva de poderes, implica a transferência dos poderes, anteriormente recebidos pelo cliente, a outro advogado.

8.10.1 Renúncia do mandato

A renúncia do mandato[6] é ato privativo e unilateral do advogado ou daquele que exerça o mandato e deve ser feita nos autos sem a menção do motivo que a ensejou, sob pena de configuração de eventual infração disciplinar (as renúncias, nos autos, deverão indicar motivos de foro íntimo), e poderá ocorrer por sua conveniência ou por imposição ética, em qualquer fase do processo, e independentemente da anuência do outorgante.

A renúncia não excluirá eventual responsabilidade por danos causados ao outorgante e a terceiros, decorrentes de atos praticados pelo outorgado.

Notificada a renúncia, o advogado permanecerá responsável pelo processo pelo prazo de 10 dias a contar da notificação, e essa responsabilidade cessará com o término do prazo ou com a substituição por um novo advogado antes do término deste prazo.

8.10.2 Revogação do mandato

A revogação constitui ato privativo do outorgante (cliente) que retira do advogado, imediatamente, todos os poderes

---

6. Art. 16 do CED.

outorgados na procuração fornecida. Esse ato de extinção do mandato pode ocorrer em qualquer fase do processo e independe da anuência do advogado, mas exige seu prévio e inequívoco conhecimento.

A revogação do mandato judicial, contudo, não obsta o recebimento dos honorários (contratados e sucumbenciais), e eventual conflito de valores poderá exigir o arbitramento dos honorários devidos a cada advogado que atuou no processo.[7]

8.10.3 Substabelecimento

Substabelecimento é ato pelo qual o advogado transfere poderes outorgados pelo cliente para outro advogado ou estagiário. É um ato pessoal e pode ser realizado de duas formas:

a) **Com reserva de poderes:** o advogado substabelece os poderes, mas continua atuando no processo, pois reserva os poderes recebidos, também, para si. O advogado substabelecido com reserva de poderes deve ajustar, antecipadamente, seus honorários com o substabelecente e não poderá – **salvo em caso de possuir contrato direto com o cliente** – i) cobrar honorários sem a intervenção daquele que lhe conferiu o substabelecimento, e ii) levantar valores sem a autorização ou presença do advogado substabelecente.

b) **Sem reserva de poderes:** hipótese na qual o advogado substabelecente deixa de atuar no processo e transfere todos os poderes para o outro advogado. Esse ato exige o prévio e inequívoco conhecimento do cliente, nos termos do art. 26, § 1°, do CED, visto que se equipara, praticamente, à renúncia. Nessa modalidade de substabeleci-

---

7. Caso o conflito se dê entre os advogados o arbitramento se dará pelo Tribunal de Ética e Disciplina (TED).

mento o advogado substabelecente (aquele que concede o substabelecimento) não precisará permanecer atuando na causa por tempo algum.

8.11 Patrocínio contra ex-cliente e ex-empregador

Ao advogado é permitido postular, em nome de terceiros, contra ex-cliente ou ex-empregados, judicial e extrajudicial, mediante observância de dois requisitos.

a) **Requisito legal:** é dever do advogado, nessas situações, resguardar o sigilo profissional.[8] Essa obrigação é válida a qualquer tempo, e o sigilo profissional deve ser resguardado permanentemente.[9]

b) **Requisito temporal:** é exigido o decurso do prazo de dois anos, contados do fim do mandato ou relação de emprego, para atuação em face de ex-cliente ou ex-empregador.[10]

8.12 Patrocínio simultâneo e conflito de interesses

É vedado ao advogado funcionar como **preposto** do cliente ou do seu empregador e **advogado simultaneamente** em um mesmo processo, tampouco pode atuar simultânea ou sucessivamente, para partes contrárias em uma mesma causa, sob pena de caracterização do crime de tergiversação.[11]

---

8.   Art. 21 do CED.

9.   Nesse sentido, destaca-se o ementário aprovado na 604ª sessão da Turma de Ética Profissional do TED da OAB/SP, em 18 de maio de 2017.

10. Nos termos do ementário aprovado na 450ª sessão do TED da OAB/SP, em 21 de novembro de 2002.

11. Art. 355, parágrafo único, do CP.

Assim, se surgir um conflito no decorrer de uma lide, cabe ao advogado tentar compor as partes, e caso não seja possível, a ele caberá escolher uma ou nenhuma das partes para atuar na causa, agindo sempre com **prudência e discrição**.

Por fim, advogados de uma mesma sociedade de advogados não poderão patrocinar simultaneamente clientes com conflito de interesses.

8.13 Prestação de contas e devolução de bens

A conclusão ou desistência da causa,[12] seja pela extinção ou não do mandado, importa na obrigação do advogado de devolver ao cliente bens, valores e documentos que lhe tenham sido confiados pelo cliente e ainda estejam em seu poder, bem como de prestar contas, de forma pormenorizada, sem prejuízo da obrigação de prestar esclarecimentos pertinentes e necessários.

Atenção!

A parcela de honorários paga pelos serviços até então prestados não está incluída entre os valores que devem ser devolvidos pelo advogado.

Abandono ou desamparo

- O advogado não poderá deixar os processos sob sua responsabilidade **ao abandono ou ao desamparo**.
- Caso o advogado encontre dificuldades insuperáveis ou seu cliente permaneça inerte quanto a providências solicitadas, proceda com a renúncia do mandato.

---

[12] Art. 12 do CED.

Responsabilidade por omissão do cliente

- O advogado não poderá ser responsabilizado por omissão do seu cliente quanto a documento ou informação que ele deveria entregar ao seu representante para a prática oportuna de algum ato processual que fosse do seu interesse.

Estratégia de atuação

- Cabe ao advogado imprimir à causa orientação que lhe pareça mais adequada, sem se subordinar a intenções contrárias do cliente e procurando esclarecê-lo quanto à estratégia traçada.

Honorários – revogação do mandato

- A revogação do mandato não desobriga o cliente ao pagamento dos valores devidos a título de honorários contratuais, e tampouco o pagamento da sucumbência.

Causas contrárias à lei ou à validade de ato jurídico

- O advogado deve se abster de patrocinar causas contrárias à lei ou que questionem a legitimidade de ato jurídico em que tenha colaborado ou que tenha contado com a sua intervenção de qualquer maneira na formação.

Defesa criminal

- É direito e dever do advogado assumir defesa criminal sem considerar sua própria opinião sobre a culpa do acusado.
- Não há causa indigna de defesa.

Sociedade de advogados

- Da procuração deverá constar o nome, o endereço e os dados de inscrição na OAB da sociedade de advogados integrada pelo advogado.
- A procuração deve ser concedida para a pessoa física do advogado, e não genericamente para a sociedade de advogados.

Resumo

■ **Mandato:**

☐ Contrato pelo qual o outorgante nomeia e constituiu o outor- gado para representação judicial ou extrajudicial.

☐ Instrumento público (firma reconhecida) ou particular.

☐ Devem constar:

● nome e qualificação do outorgante, ou dos outorgantes;

● nome e qualificação do outorgado, ou dos outorgados;

● poderes outorgados na procuração;

● data e assinatura do outorgante, ou dos outorgantes; e

● endereço físico e digital.

■ **Partes envolvidas:**

☐ Outorgante e outorgado.

■ **Poderes:**

☐ Foro geral – *ad judicia*: prática de todos os atos do processo.

☐ Cláusula específica – devem ser discriminados poderes para:

● receber citação;

● confessar;

● reconhecer a procedência do pedido;

● transigir;

● desistir;

● denunciar;

● renunciar ao direito sobre o qual se funda a ação;

● receber;

● dar quitação;

● firmar compromisso; e

● assinar declaração de hipossuficiência econômica.

■ **Urgência:**

☐ Permite a postulação sem procuração por 15 dias, prorrogá- veis por mais 15.

■ **Riscos do processo:**

☐ Devem ser informados pelo advogado ao cliente.

■ **Recusa do mandato:**

☐ De mandato de cliente que omita fato de já ter constituído outro advogado nos autos.

■ **Início do mandato:**

☐ O início do mandato se dá pela constituição ou nomeação do advogado.

■ **Prazos:**

☐ O mandato não se extingue pelo decurso do tempo.

● Mandato judicial: extingue-se com a conclusão da causa e o arquivamento do processo.

● Mandato extrajudicial: protrair-se-á no tempo e encerrar-se-á no termo fixado ou quando revogado ou renunciado.

■ **Formas de extinção do mandato:**

☐ Conclusão da causa ou arquivamento do processo.

☐ Renúncia.

☐ Revogação.

☐ Substabelecimento sem reserva de poderes.

■ **Patrocínio contra ex-cliente e ex-empregador:**

☐ Desde que resguardado sigilo profissional – eternamente – e decorridos dois anos, contados do fim do mandato ou relação de emprego.

■ **Patrocínio simultâneo e conflito de interesses:**

☐ É vedado ao advogado funcionar como preposto e advogado simultaneamente em um mesmo processo.

☐ O advogado não pode atuar simultânea ou sucessivamente, para partes contrárias, em uma mesma causa.

■ **Prestação de contas e devolução de bens:**

☐ Ocorrendo a conclusão ou desistência da causa, há obrigação do advogado de devolver ao cliente bens, valores e documentos que lhe tenham sido confiados.

9

Honorários do advogado

9.1 Conceito

Os honorários são a contraprestação paga ao advogado pelos serviços prestados no exercício do mandato e constituem direito do advogado.[1] São dotados de natureza alimentar, com os mesmos privilégios dos créditos oriundos da legislação do trabalho.[2]

Assim, os honorários advocatícios tanto de advogados quanto de sociedades de advogados são impenhoráveis,[3] respeitada a limitação referente à possibilidade de penhora da renda para pagamento de dívida de natureza alimentar nas hipóteses em que o salário for superior a 50 salários mínimos.[4]

[1] Art. 85, § 14, do CPC.
[2] Súmula Vinculante nº 47: Os honorários advocatícios incluídos na condenação ou destacados do montante principal devido ao credor consubstanciam verba de natureza alimentar cuja satisfação ocorrerá com a expedição de precatório ou requisição de pequeno valor, observada ordem especial restrita aos créditos dessa natureza.
[3] Art. 833, IV, do CPC.
[4] Vide decisão do STJ no RE nº 1.747.645.

9.2 Contrato de prestação de serviços e honorários

A prestação de serviços firmada entre cliente e advogado, ou sociedade de advogados, embora deva se dar **preferencialmente por escrito**, não exige uma forma específica. Contudo, o contrato deverá estabelecer, com **clareza e precisão**, os seguintes itens: a) objeto; b) honorários ajustados; c) forma de pagamento; e d) extensão do patrocínio.

Acerca da extensão do patrocínio, deve-se indicar se o patrocínio abrangerá **todos os atos** do processo ou **limitar-se-á a determinado grau de jurisdição**, bem como sobre as hipóteses de a causa se encerrar por transação ou acordo.

Ainda, para que haja a compensação de créditos, pelo advogado, de importâncias devidas ao cliente, será necessário que o contrato de prestação de serviços de advocacia traga autorização específica do cliente para esse fim.

Também no contrato de prestação de serviços de advocacia será possível prever a forma de contratação de profissionais para serviços auxiliares (assistentes técnicos para perícias, contadores, tradutores juramentados, dentre outros) e sobre o pagamento de custas e emolumentos.

Atenção!

Na ausência de disposição em contrário, presume-se que os custos relacionados aos profissionais auxiliares e às custas e emolumentos devam ser atendidos pelo cliente, e, caso haja disposição no contrato firmado prevendo que o advogado deva antecipar essas despesas, será lícito que retenha o respectivo valor das despesas atualizado, no momento da prestação de contas. Será necessário, nessa hipótese, comprovar documentalmente a despesa e o respectivo pagamento.

Firmado o contrato de honorários da forma estipulada *retro*, ele possuirá força de título executivo extrajudicial. Embora o inciso III do art. 784 do CPC exija a assinatura de duas testemunhas para conceder força de título executivo extrajudicial a um documento particular, há entendimento no sentido de que o contrato de prestação de serviços de advogado com estipulação de honorários advocatícios poderá ser reconhecido como título executivo mesmo sem a assinatura de duas testemunhas.[5]

9.3 Forma de pagamento dos honorários advocatícios

Nas situações em que não for estipulada no contrato de honorários de advogado a forma de pagamento, eles serão pagos da seguinte forma:

a) 1/3 no início do processo ou da prestação de serviços;

b) 1/3 até a decisão proferida em primeira instância;

c) 1/3 ao final do processo.

Atenção!

■ *Quota litis*: cláusula contratual segundo a qual é estipulado o pagamento de um percentual da lide ao final a título de honorários advocatícios.

■ Nas hipóteses em que adotada a cláusula *quota litis*, os honorários deverão ser, necessariamente, representados por pecúnia e, quando acrescidos de honorários sucumbenciais, **não poderão ser superiores às vantagens advindas a favor do cliente**, ou seja, o advogado não poderá receber nessa situação, a título de honorários, valor superior

---

5.   *Vide* entendimento do STJ no REsp n° 400.687.

àquele recebido pelo cliente no curso do processo (*vide* o art. 50 do CED).

De acordo com o entendimento dos Tribunais de Ética, o **percentual máximo** a ser recebido pelo advogado nas **cláusulas *ad exitum*** – cláusula na qual há previsão de que o advogado receberá a título de honorários percentual do valor recebido ao final do processo (= do êxito) pelo cliente – não poderá exceder **30%** do proveito econômico que o cliente obtiver com a ação.

Nos termos do art. 52 do CED, o crédito por honorários advocatícios não autoriza o saque de duplicatas ou qualquer outro título de crédito que possua natureza mercantil. Apenas há autorização para emissão de fatura, sem que esta seja levada a protesto.

Podem ser levados a protesto, contudo, os cheques ou notas promissórias emitidas pelo cliente em favor do advogado, desde que tenha sido frustrada a tentativa de recebimento amigável por parte do advogado.

Por fim, os honorários advocatícios podem ser recebidos mediante utilização de cartão de crédito, desde que haja credenciamento do advogado ou da sociedade de advogados junto a empresa operadora do ramo.

Ainda, a participação do advogado em bens particulares do cliente apenas é admitida em caráter excepcional, quando este, comprovadamente, não possuir condições pecuniárias de satisfazer o débito de honorários. Nessas condições, o cliente deverá ajustar com o seu advogado, em instrumento contratual, essa forma de pagamento.

Permitido	• Levar cheques e notas promissórias a protesto, após frustrada tentativa de recebimento amigável. • Recebimento de honorários por cartão de crédito.
Atenção	• Permitida a emissão de fatura, desde que não seja levada a protesto. • O pagamento de honorários advocatícios mediante participação em bens do cliente é admitido, excepcionalmente, nas situações em que o cliente não possuir condições pecuniárias de satisfazer o débito.
Proibido	• Saque de duplicatas. • Debêntures. • Títulos de crédito com natureza mercantil.

Atenção!

Em caso de bloqueio universal do patrimônio do cliente por decisão judicial, ressalvadas as causas relacionadas aos crimes da Lei de Drogas e propriedades rurais e urbanas onde forem localizadas culturas ilegais de plantas psicotrópicas ou a exploração de trabalho escravo, deverá ser garantido ao advogado a liberação de até 20% (vinte por cento) dos bens bloqueados para fins de recebimento de honorários e reembolso de gastos com a defesa.[6]

O desbloqueio de bens para fins de recebimento de honorários deverá ser requerido pelo advogado em autos apartados, que permanecerão em sigilo, mediante a apresentação do respectivo contrato e o desbloqueio de bens observará, preferencialmente, a seguinte ordem:[7] i) dinheiro, em espécie ou em depósito ou aplicação em instituição financeira; ii) títulos da dívida pública da União, dos Estados e do Distrito Federal com cotação em mercado; iii) títulos e valores mobiliários com cotação

---

[6.] Art. 24-A do EAOAB.
[7.] Art. 835, CPC.

em mercado; iv) veículos de via terrestre; v) bens imóveis; vi) bens móveis em geral; vii) semoventes; viii) navios e aeronaves; ix) ações e quotas de sociedades simples e empresárias; x) percentual do faturamento de empresa devedora; xi) pedras e metais preciosos; xii) direitos aquisitivos derivados de promessa de compra e venda e de alienação fiduciária em garantia; e xiii) outros direitos.

Nas hipóteses de dinheiro em espécie, depósito ou aplicação em instituição financeira, os valores serão transferidos diretamente para a conta do advogado ou do escritório de advocacia responsável pela representação do cliente e, nos demais casos, o advogado poderá optar pela adjudicação do próprio bem ou por sua venda em hasta pública para satisfação dos honorários devidos.[8]

9.4 Espécies de honorários

Nos termos do art. 22 do EAOAB, a prestação de serviço profissional assegura aos advogados – devidamente inscritos na OAB – o direito ao recebimento de honorários a) convencionados, b) fixados por arbitramento judicial, e c) sucumbenciais.

a) Honorários convencionados

Honorários convencionados são aqueles ajustados entre o cliente e o advogado, preferencialmente por escrito, ou incontroversos caso o ajustamento tenha se dado verbalmente, bem como aqueles decorrentes da indicação de cliente entre advogados ou sociedade de advogados.

Ao convencionar honorários advocatícios, é dever do advogado observar a Tabela de Honorários instituída pelo respectivo conselho seccional onde for prestado o serviço, para não

---

[8]. Art. 879 do CPC.

cobrar valor inferior ao ali constante. Tal dever prevalece até mesmo nas diligências realizadas.

É dever do advogado, ao convencionar honorários advocatícios, observar a Tabela de Honorários instituída pelo respectivo conselho seccional onde for prestado o serviço, para não cobrar valor inferior ao ali constante.

A cobrança de honorários em valor inferior ao previsto na Tabela de Honorários do Conselho Seccional, sem justificativa, implica o aviltamento de honorários.

Os honorários convencionados poderão ser cobrados por meio de ação de execução. Referida ação poderá ocorrer nos próprios autos, por ação autônoma, ou coletivamente.

- **Nos próprios autos:** nos termos do § 4º do art. 22 do EAOAB, quando o advogado proceder com a juntada aos autos do seu contrato de honorários, antes da expedição do mandado de levantamento ou precatório, o juiz determinará o pagamento direto dos valores devidos, por dedução da quantia a ser recebida pelo constituinte, exceto se o cliente provar que já pagou os valores devidos.
- **Ação autônoma:** o advogado poderá, nos termos do § 7º do art. 48 do CED, promover, preferencialmente, de forma destacada (= ação autônoma) a execução dos honorários contratuais ou sucumbenciais.

  A execução por ação autônoma se dará na forma do art. 786 do CPC, e fundada no contrato de honorários como título executivo.
- **Coletivamente:** a cobrança de honorários de forma coletiva ocorrerá nas ações de falência, recuperação judicial, insolvência civil ou liquidação extrajudicial. Nessas situações, cabe ao advogado proceder com a habilitação do seu crédito nos respectivos processos, mediante apresentação do contrato firmado com o seu cliente estipulando os honorários advocatícios.

Por possuírem natureza alimentar, os créditos decorrentes de contratos de honorários advocatícios possuem preferência para fins de habilitação, equiparada aos créditos trabalhistas na ordem geral dos credores. Portanto, serão os primeiros a ser executados, juntamente com os derivados da legislação do trabalho e decorrentes de acidente do trabalho, conforme o inciso I do art. 83 da Lei n° 11.101/2005, limitados a 150 salários mínimos por credor.

b) Honorários arbitrados

Os honorários advocatícios serão arbitrados judicialmente nas hipóteses em que i) não houver contrato escrito, ii) o contrato tiver sido firmado verbalmente e houver controvérsia acerca do valor devido, ou iii) for nomeado advogado dativo pela OAB e o advogado receber do Estado o pagamento pelo serviço prestado.

Nessas hipóteses o advogado deverá ajuizar uma ação pelo procedimento comum, seguindo as diretrizes dos art. 319 e seguintes do CPC, mediante comprovação da sua atuação e formulando requerimento de arbitramento judicial dos honorários advocatícios.

Nessa ação caberá ao advogado o ônus da prova dos serviços realizados, sendo concedido ao cliente prazo para apresentação de defesa. Em regra, nesses casos, o juiz nomeará um perito para apurar a extensão do trabalho prestado e indicar valor compatível para pagamento do advogado.

Serão arbitrados os honorários, também, dos advogados que tiveram patrocinado causas de clientes juridicamente necessitados quando houver impossibilidade de realização da atividade pela Defensoria Pública no local de prestação de serviços (= advogado dativo). Nesse caso, o juiz fixará os honorários de acordo com a Tabela de Honorários do Conselho Seccional da OAB, e os valores serão pagos pelo Estado.

O importe arbitrado, na falta de estipulação ou de acordo, deverão corresponder a remuneração compatível com o trabalho e o valor econômico da questão, observando os seguintes critérios previstos no art. 85 do CPC:

■ Os honorários serão fixados entre o mínimo de dez e o máximo de vinte por cento sobre o valor da condenação, do proveito econômico obtido ou, não sendo possível mensurá-lo, sobre o valor atualizado da causa, atendidos o grau de zelo do profissional; o lugar de prestação do serviço; a natureza e a importância da causa; e o trabalho realizado pelo advogado e o tempo exigido para o seu serviço.

■ Nas causas em que a Fazenda Pública for parte, a fixação dos honorários observará os seguintes critérios e percentuais:

   ☐ mínimo de dez e máximo de vinte por cento sobre o valor da condenação ou do proveito econômico obtido até 200 salários-mínimos;

   ☐ mínimo de oito e máximo de dez por cento sobre o valor da condenação ou do proveito econômico obtido acima de 200 salários-mínimos até 2.000 salários-mínimos;

   ☐ mínimo de cinco e máximo de oito por cento sobre o valor da condenação ou do proveito econômico obtido acima de 2.000 salários-mínimos até 20.000 salários-mínimos;

   ☐ mínimo de três e máximo de cinco por cento sobre o valor da condenação ou do proveito econômico obtido acima de 20.000 salários-mínimos até 100.000 salários-mínimos;

   ☐ mínimo de um e máximo de três por cento sobre o valor da condenação ou do proveito econômico obtido acima de 100.000 salários-mínimos.

■ Quando o valor da condenação ou do proveito econômico obtido ou o valor atualizado da causa for líquido ou liquidável, para fins de fixação dos honorários advocatícios, é proibida a apreciação equitativa.

- Não serão devidos honorários no cumprimento de sentença contra a Fazenda Pública que enseje expedição de precatório, desde que não tenha sido impugnada.
- Nas causas em que for inestimável ou irrisório o proveito econômico ou, ainda, quando o valor da causa for muito baixo, o juiz fixará o valor dos honorários por apreciação equitativa.
- Para fins de fixação equitativa de honorários sucumbenciais, o juiz deverá observar os valores recomendados pelo Conselho Seccional da Ordem dos Advogados do Brasil a título de honorários advocatícios ou o limite mínimo de 10%, aplicando-se o que represente maior montante.
- Ato ilícito contra pessoa, o percentual de honorários incidirá sobre a soma das prestações vencidas acrescida de 12 prestações vincendas.
- Nas hipóteses de perda do objeto, os honorários serão devidos por quem deu causa ao processo.
- O tribunal, ao julgar recurso, majorará os honorários fixados anteriormente levando em conta o trabalho adicional realizado em grau recursal.

Além disso, deverão ser atendidos os critérios abaixo indicados, previstos no art. 49 do CED:

- relevância, vulto, complexidade e dificuldade das questões;
- trabalho e tempo empregados;
- possibilidade de o advogado ficar impedido de intervir em outros casos ou se desavir com outros clientes ou terceiros;
- valor da causa, condição econômica do cliente e proveito do cliente;
- caráter da intervenção: serviço a cliente eventual, frequente ou constante;
- lugar da prestação dos serviços: domicílio do advogado ou de outro;
- competência do profissional;
- praxe do foro sobre trabalhos análogos.

Como os honorários pertencem ao advogado, é dele o direito autônomo de executar a sentença nesta parte, podendo requerer, inclusive, que precatórios referentes aos valores devidos a ele sejam executados em seu favor.

Atenção!

Sempre que um advogado necessite se socorrer do Poder Judiciário para recebimento dos honorários devidos em seu favor – seja por arbitramento, seja pela execução de honorários convencionados – deverá renunciar, previamente, ao mandato recebido e prezar pela sua representação, se possível, por algum outro advogado.

---

c) Honorários sucumbenciais

Os honorários sucumbenciais são aqueles pagos pela parte que perdeu a pretensão formulada no processo (= sucumbiu) ao advogado da parte vencedora.

Nos termos do disposto no art. 23 do EAOAB, tais honorários pertencem exclusivamente ao advogado, razão pela qual o cliente não poderá participar do valor recebido pelo seu patrono, e apenas o advogado poderá dispor do valor, sendo dele o direito autônomo de executar a sentença nessa parte e requerer que o precatório, se houver, seja expedido exclusivamente em seu favor.

Previstos no CPC e na CLT,[9] os honorários sucumbenciais são definidos pelo juiz e podem ser arbitrados em i) decisões interlocutórias com julgamento processual ou julgamento de mérito, ou ii) sentença.

[9.] Uma conquista recente dos advogados trabalhistas, que, apenas a partir de 2017, com o advento da Lei nº 13.467/2017 – "Reforma Trabalhista" –, passaram a fazer jus ao recebimento de honorários advocatícios sucumbenciais.

Da normativa processualista e trabalhista é possível observar que os honorários sucumbenciais são devidos i) ainda que o advogado atue em causa própria; ii) na reconvenção, cumprimento de sentença, provisório ou definitivo, execução e recursos interpostos, cumulativamente; e iii) nas causas em que a Fazenda Pública for parte.

Caso o advogado venha a falecer ou se torne incapaz, os honorários de sucumbência, devidos de forma proporcional ao trabalho realizado, serão recebidos pelos seus sucessores ou representantes legais, nos termos do art. 24, § 2°, do EAOAB.

Ainda, por decorrerem do exercício da advocacia, os honorários sucumbenciais não integram o salário ou remuneração dos advogados empregados e, portanto, não servem como base de cálculo para quaisquer verbas trabalhistas ou previdenciárias.[10]

Atenção!

- Os honorários sucumbenciais de advogados empregados e de órgãos públicos constitui um fundo comum, e a sua destinação será decidida pelos profissionais que integram a empresa ou por seus representantes.
- Nos casos de substabelecimento, nos termos do art. 51, § 1°, do CED, a verba correspondente aos honorários sucumbenciais será repartida entre o substabelecente e o substabelecido, proporcionalmente à atuação de cada um no processo ou conforme tenha sido ajustado entre eles.
- É vedada a compensação entre os honorários nas hipóteses de procedência parcial em que ocorre a sucumbência recíproca.

[10.] Nesse sentido, destaca-se a decisão em ADI n° 6.053, na qual o STF declarou, por maioria, a constitucionalidade da percepção de honorários de sucumbência pelos advogados públicos e julgou parcialmente procedente o pedido formulado na ação direta para, conferindo interpretação conforme a CF/1988 aos arts. 23 da Lei n° 8.906/1994, 85, § 19, da Lei n° 13.105/2015, e 27 e 29 a 36 da Lei n° 13.327/2016, estabelecer que a somatória dos subsídios e honorários de sucumbência percebidos mensalmente pelos advogados públicos não poderá exceder ao teto dos Ministros do STF, conforme o que dispõe o art. 37, XI, da CF/1988.

■ As disposições, cláusulas, regulamentos ou as convenções individuais ou coletivas em casos judiciais e administrativos que retirem do sócio o direito ao recebimento dos honorários sucumbenciais apenas serão válidos após o protocolo de petição que revogue os poderes que lhe foram outorgados ou que noticie a renúncia a eles. Serão devidos, neste caso, honorários proporcionais ao trabalho realizado.

■ Exceto em casos de renúncia expressa do advogado aos honorários pactuados na hipótese de encerramento da relação contratual com o cliente, o advogado mantém o direito aos honorários proporcionais ao trabalho realizado nos processos judiciais e administrativos em que tenha atuado, inclusive em relação aos eventos de sucesso que podem vir a ocorrer após o encerramento da relação contratual.

9.5 Prescrição dos honorários

A ação de cobrança de honorários de advogado prescreve em cinco anos, sendo este prazo contado:

a) do vencimento do contrato, se houver;

b) do trânsito em julgado da decisão que os fixar;

c) da ultimação do serviço extrajudicial;

d) da desistência ou transação; ou

e) da renúncia ou revogação do mandato.

No mesmo prazo, cinco anos, prescreverá a ação de prestação de contas pelas quantias recebidas pelo advogado de seu cliente, ou de terceiros por conta do seu cliente, nos termos do art. 25-A do EAOAB.

9.6 Advocacia *pro bono*

A advocacia *pro bono*, prevista no art. 30 do CED, se dá nas situações em que o advogado presta serviços sem cobrar honorários advocatícios do seu cliente, e sem a possibilidade de sofrer penalidades disciplinares em razão de tal conduta.

Considera-se advocacia *pro bono* aquela prestada gratuitamente, de forma eventual e voluntária, para a realização de serviços jurídicos em favor de **instituições sociais** e aos seus **assistidos**, nas situações em que os beneficiários dos serviços prestados não dispuserem de recursos para a contratação de profissional.

A advocacia *pro bono* poderá ser exercida, também, em favor de pessoas naturais que, igualmente, não dispuserem de recursos para, sem prejuízo do seu próprio sustento, contratar advogado.

Por outro lado, é **vedada** a utilização da advocacia *pro bono* para fins político-partidários ou eleitorais, bem como para beneficiar instituições que visem a tais objetivos como instrumento de publicidade para captação de clientela.

No exercício da advocacia *pro bono*, e ao atuar como defensor nomeado, conveniado ou dativo, cabe ao advogado empregar o zelo e a dedicação habituais, para que a parte por ele assistida se sinta amparada e confie nos serviços por ele prestados.

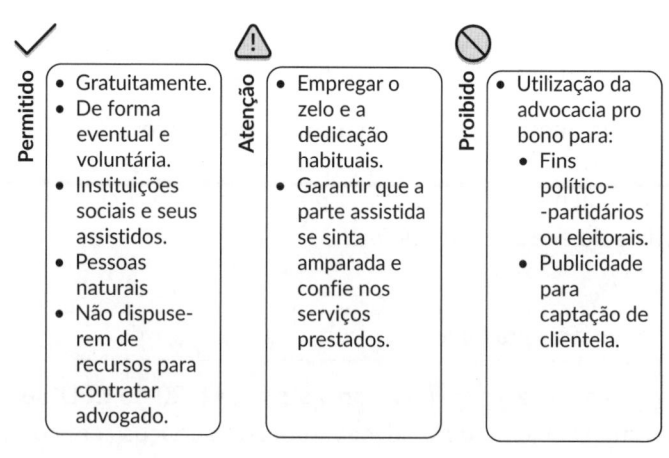

9.7 Aspectos relevantes

a) **Recebimento de honorários sem a efetiva prestação:** caso o advogado receba honorários sem a efetiva prestação dos serviços para os quais foi contratado, poderá responder por infração disciplinar em decorrência do locupletamento às custas do cliente, infração punida com pena de suspensão.

b) **Honorários assistenciais:** são os honorários fixados nas ações coletivas propostas por entidades de classe, como os sindicatos, em atuação como substitutos processuais, e devidos sem prejuízo dos honorários ajustados entre as partes.

c) **Acordo:** a realização de acordo entre o cliente e a parte contrária não pode importar em prejuízo aos honorários advocatícios convencionados ou concedidos em sentença, salvo concordância do advogado nesse sentido.

d) **Utilização de mediação, conciliação e arbitragem:** a solução do litígio de forma antecipada ou pela utilização de qualquer mecanismo adequado de solução extrajudicial não poderá importar na diminuição dos honorários contratados. Ainda, as regras do CED relacionadas aos honorários advocatícios, por disposição expressa do diploma no art. 48, § 4°, são aplicáveis à mediação, à conciliação, à arbitragem ou qualquer outro método adequado de solução de conflitos.

Resumo

■ **Honorários:**

☐ Contraprestação paga ao advogado pelos serviços prestados.

☐ Direito do advogado.

☐ Natureza alimentar.

☐ Crédito privilegiado.

☐ Impenhoráveis.

- **Contrato de prestação se serviços:**
  - ☐ Não exige forma específica.
  - ☐ Deve conter:
    - ● objeto;
    - ● honorários ajustados;
    - ● forma de pagamento;
    - ● extensão do patrocínio.
  - ☐ Título executivo – quando firmado por escrito.
- **Honorários convencionados:**
  - ☐ Ajustados entre o cliente e o advogado.
  - ☐ Preferencialmente por escrito.
  - ☐ Incontroversos caso o ajustamento tenha sido verbal.
  - ☐ Podem ser cobrados:
    - ● nos próprios autos;
    - ● por ação autônoma;
    - ● coletivamente.
- **Honorários arbitrados:**
  - ☐ Nas hipóteses em que:
    - ● não houver contrato escrito;
    - ● contrato verbal com controvérsias acerca do valor devido;
    - ● for nomeado advogado dativo pela OAB.
- **Honorários sucumbenciais:**
  - ☐ Pagos pela parte que perdeu ao advogado da parte vencedora.
  - ☐ Não integram o salário ou a remuneração.
  - ☐ É vedada a compensação entre os honorários sucumbenciais em caso de sucumbência recíproca.
- **Prescrição dos honorários:**
  - ☐ Ações de cobrança de honorários e prestação de contas prescrevem em cinco anos.
- **Advocacia *pro bono*:**
  - ☐ Gratuita.
  - ☐ Eventual.
  - ☐ Voluntária.
  - ☐ Instituições sociais e seus assistidos.
  - ☐ Pessoas naturais.
  - ☐ Não dispuserem de recursos.

10

Incompatibilidades e impedimentos

10.1 Introdução

As incompatibilidades e os impedimentos, previstos no Capítulo VII do Título I do EAOAB, correspondem a situações em que uma pessoa, ainda que regularmente inscrita nos quadros da OAB, não poderá realizar atividades privativas de advogado ou poderá realizá-las com certas limitações.

10.2 Incompatibilidades

Aqueles que exercem atividades incompatíveis com a advocacia ficam totalmente proibidos de realizar qualquer atividade privativa de advogado.

Previstas no art. 28 do EAOAB, são incompatíveis com a advocacia as seguintes atividades:

- Chefe do Poder Executivo e membros da Mesa do Poder Legislativo e seus substitutos legais.
- Membros de órgãos do:

☐ Poder Judiciário;

☐ Ministério Público;

☐ tribunais e conselhos de contas;

☐ Juizados Especiais, da justiça de paz;

☐ juízes classistas;

☐ todos os que exerçam função de julgamento em órgãos de deliberação coletiva da administração pública direta e indireta.

■ Ocupantes de cargos ou funções de direção em Órgãos da Administração Pública:

☐ direta ou indireta;

☐ em suas fundações;

☐ em suas empresas controladas ou concessionárias de serviço público.

■ Ocupantes de cargos ou funções vinculados direta ou indiretamente a qualquer órgão do Poder Judiciário e os que exercem serviços notariais e de registro.

■ Ocupantes de cargos ou funções vinculados direta ou indiretamente a atividade policial de qualquer natureza, exceto para o exercício da advocacia em causa própria, estritamente para fins de defesa e tutela de direitos pessoais.

■ Militares de qualquer natureza, na ativa, exceto para o exercício da advocacia em causa própria, estritamente para fins de defesa e tutela de direitos pessoais.

■ Ocupantes de cargos ou funções que tenham competência de lançamento, arrecadação ou fiscalização de tributos e contribuições parafiscais.

■ Ocupantes de funções de direção e gerência em instituições financeiras, inclusive privadas.

Realizadas as atividades supradescritas, a incompatibilidade se dará ainda que o advogado postule em causa própria e permanecerá nas situações em que o ocupante do cargo ou função deixe de exercê-lo temporariamente.

Atenção!

■ Não se incluem nas hipóteses de incompatibilidade de ocupantes de cargos ou funções de direção em órgãos da Administração Pública:

a) aqueles que não detenham poder de decisão relevante sobre interesses de terceiro, a juízo do conselho competente da OAB; e

b) a administração acadêmica diretamente relacionada ao magistério jurídico.

■ O exercício da advocacia em causa própria por militares e ocupantes de atividade policial depende de inscrição especial na OAB, que deverá constar do documento profissional de registro na OAB e não isenta o profissional do pagamento da contribuição anual, de multas e de preços de serviços devidos à OAB, não sendo permitida cobrança em valor superior ao exigido para os demais membros inscritos. Os detentores desta inscrição especial não poderão participar em sociedade de advogados.

De acordo com o disposto no art. 29 do EAOAB, os Procuradores Gerais, os Advogados Gerais, os Defensores Gerais e os dirigentes de órgãos jurídicos da Administração Pública direta, indireta e fundacional possuem legitimidade exclusiva para o exercício da advocacia vinculada à função que exerçam, durante o período da investidura.

10.2.1 Espécies de incompatibilidade

As incompatibilidades podem ser provisórias e definitivas, e ambas **impedem** a inscrição de advogado ou estagiário nos quadros da OAB.

a) **Incompatibilidade definitiva:** nas hipóteses em que a incompatibilidade se der de forma definitiva, a inscrição do advogado é cancelada. Em razão disso, pretenda retornar a atuar como advogado, aquele que realizava atividade incompatível deverá retornar com um novo número de inscrição na OAB.

É a situação, por exemplo, daqueles que se tornam incompatíveis por assumir cargo no Judiciário, no Ministério Público, nos Tribunais de Contas, policiais, integrantes das forças armadas, fiscal de tributos, gerente de instituição financeira e diretor de cartório.

b) **Incompatibilidade provisória:** nas situações em que a incompatibilidade se dá de forma provisória, o advogado se licencia dos quadros da OAB e, ao retornar, tem garantido o mesmo número de inscrição.

Tal situação ocorre, por exemplo, nas hipóteses em que o advogado assume cargos eletivos, como chefe do Poder Executivo, ou de livre nomeação e livre exoneração.

10.3 Impedimentos

Indicados nos incisos do art. 30 do EAOAB, são impedidos de exercer a advocacia:

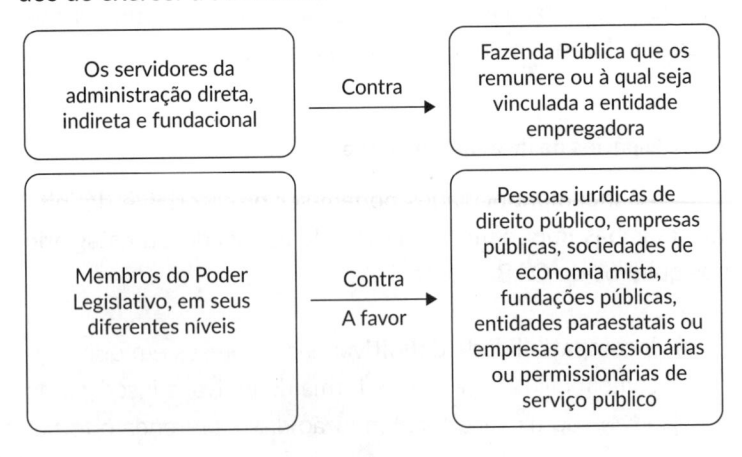

Não se incluem nas hipóteses do inciso I do art. 30 do EAOAB – servidores da administração direta, indireta e fundacional – os docentes de cursos jurídicos.

10.4 Observações sobre incompatibilidade e impedimento

---

a) **Membros do Poder Legislativo x Membros da Mesa do Poder Legislativo:** nos termos do art. 28, inciso I, do EAOAB, os **membros da Mesa** do Poder Legislativo exercem **atividade incompatível** com a advocacia.

Essa incompatibilidade é temporária, e o advogado será licenciado pelo prazo de dois anos – correspondente ao mandato da Mesa do Poder Legislativo. Ao retornar do licenciamento, fará jus à utilização do mesmo número de inscrição na OAB.

Caso o advogado tenha sido eleito apenas para mandato no Poder Legislativo (senador, deputado ou vereador), mas não atue como membro de Mesa do Poder Legislativo, será tão somente impedido de advogar contra toda a Administração Pública.

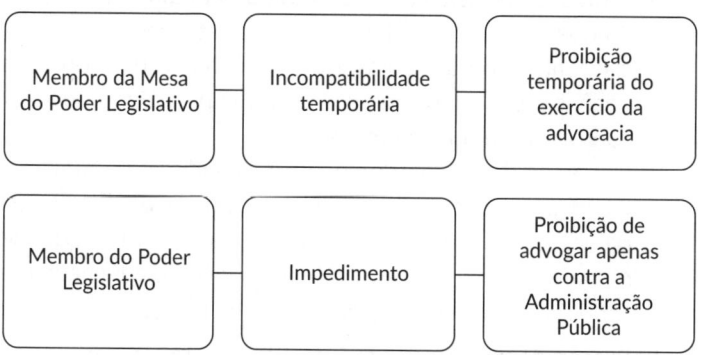

b) **Professor, coordenador e diretor de curso de Direito em universidade pública:** os advogados que exercem atividadades de docência e magistério **jurídico** em universidades públicas possuem liberdade no exercício da advocacia, inclusive se este se der contra o ente que lhe remunera.

c) Portanto, um professor de Direito do Trabalho na Faculdade de Direito da Universidade de São Paulo, universidade pertencente ao Estado de São Paulo poderá, por exemplo, ajuizar ação em face do Estado de São Paulo sem qualquer impedimento. Os professores, coordenadores e diretores de curso de Direito em universidade pública possuem autonomia no exercício da profissão de advogado.

- **Reitor de universidade pública:** o reitor de uma universidade pública dirige toda a universidade, e não apenas os cursos jurídicos. Por isso, e considerando que o § 2º do art. 28 do EAOAB excetua da incompatibilidade impedimento apenas a administração acadêmica diretamente relacionada ao magistério jurídico, ao assumir a reitoria de uma universidade pública, o advogado se torna temporariamente incompatível para o exercício da advocacia. Ao deixar de exercer as atividades de reitoria, o advogado retornará aos quadros da OAB, mantendo o mesmo número de inscrição.

- **Professor de física do Estado de São Paulo:** um advogado que, porventura, além de realizar atividades da advocacia, atua como professor de matéria não relacionada à docência de curso jurídico, estará impedido de advogar contra o ente que lhe remunera.
  Desse modo, se determinado advogado atua, também, como professor de física de uma escola do Estado da Bahia, estará impedido de advogar contra o ente que lhe remunera, portanto, não poderá atuar como advogado em ações ajuizadas em face do Estado da Bahia.

d) **Procuradores:** os procuradores, de uma forma geral, estão impedidos de advogar apenas em face do ente que lhes remunera. Os procuradores-gerais, por sua vez, possuem exclusividade no desempenho do cargo e, em razão disso, apenas poderão advogar em favor do ente que lhes remunera.

e) **Juiz eleitoral:** nos termos do inciso II do art. 29 do EAOAB, os membros de órgãos do Poder Judiciário realizam atividade incompatível com a advocacia. Nesse contexto, em tese, aqueles que atuam como juízes eleitorais realizariam atividade incompatível.

Contudo, considerando que o advogado poderá ser indicado pela OAB para atuar como juiz eleitoral – visto que a Justiça Eleitoral possui, constitucionalmente, composição mista – e que tal indicação possui caráter transitório, visto que apenas há cumprimento de mandato de dois anos, reconduzível por apenas mais um período de dois anos, o STF decidiu, no julgamento da ADI nº 1.127-8, que os advogados indicados para atuação na Justiça Eleitoral poderão realizar atividades vinculadas à advocacia, desde que não advoguem na Justiça Eleitoral (tal restrição se dá para evitar o agenciamento ou a barganha de clientela).

f) **Juiz conciliador:** o advogado que atua como juiz conciliador em juizados especiais não o faz na posição de concursado, razão pela qual estará impedido de advogar apenas contra o juizado onde atua.

A exceção a essa regra se dá aos conciliadores do Juizado da Fazenda Pública. Nessa situação, o advogado estará impedido de atuar em face de todos os juizados especiais.

g) **Exclusividade:** os Procuradores-Gerais, Advogados-Gerais, Defensores-Gerais e dirigentes de órgãos jurídicos da Administração Pública direta, indireta e fundacional possuem legitimidade exclusiva para exercer a advocacia de modo vinculado às atribuições dos seus respectivos cargos.

Incompatível	Conduta incompatível	Idoneidade moral	Crime infame
Gera proibição total para o exercício da advocacia.	Requer habitualidade no exercício da conduta/ato.	Basta que ocorra uma única vez.	Crime cometido no exercício da advocacia.
Advém de questão profissional. Ex.: aprovação em concurso da magistratura.	Advém da vida pessoal. Ex.: alcoolismo.	Advém da vida pessoal do advogado. Ex.: matar os pais, tráfico de drogas comum.	Advém do exercício da advocacia. Ex.: matar o cliente.
Caso retorne aos quadros da OAB, terá um novo número de inscrição.	Licenciado, retorna com o mesmo número de inscrição na OAB.	Exclusão, desde que obtido quórum de 2/3.	Exclusão, desde que obtido quórum de 2/3.

Resumo

■ **Incompatibilidades:**

■ Chefe do Poder Executivo e membros da Mesa do Poder Legislativo e seus substitutos legais.

■ Membros de órgãos:

  □ do Poder Judiciário;

  □ do Ministério Público;

  □ dos Tribunais e conselhos de contas;

  □ dos Juizados Especiais, da justiça de paz;

  □ dos Juízes classistas;

  □ todos os que exerçam função de julgamento em órgãos de deliberação coletiva da administração pública direta e indireta.

■ Ocupantes de cargos ou funções de direção em Órgãos da Administração Pública:

  □ direta ou indireta;

  □ em suas fundações;

- □ em suas empresas controladas ou concessionárias de serviço público.

- ■ Ocupantes de cargos ou funções vinculados direta ou indiretamente a qualquer órgão do Poder Judiciário e os que exercem serviços notariais e de registro.

- ■ Ocupantes de cargos ou funções vinculados direta ou indiretamente a atividade policial de qualquer natureza, exceto para o exercício da advocacia em causa própria, estritamente para fins de defesa e tutela de direitos pessoais.

- ■ Militares de qualquer natureza, na ativa, exceto para o exercício da advocacia em causa própria, estritamente para fins de defesa e tutela de direitos pessoais.

- ■ Ocupantes de cargos ou funções que tenham competência de lançamento, arrecadação ou fiscalização de tributos e contribuições parafiscais.

- ■ Ocupantes de funções de direção e gerência em instituições financeiras, inclusive privadas.

- ■ **Incompatibilidade definitiva:** a inscrição do advogado é cancelada.

- ■ **Incompatibilidade provisória:** a inscrição do advogado é licenciada.

- ■ **Impedimentos:**

- ■ Servidores da administração direta, indireta e fundacional, contra a Fazenda Pública que os remunere ou à qual seja vinculada a entidade empregadora.

- ■ Membros do Poder Legislativo, em seus diferentes níveis, contra ou a favor das pessoas jurídicas de direito público, empresas públicas, sociedades de economia mista, fundações públicas, entidades paraestatais ou empresas concessionárias ou permissionárias de serviço público.

- □ **Não se incluem:** docentes de cursos jurídicos.

11

OAB – características, finalidades e órgãos

11.1 Características

A OAB é uma instituição pública de natureza *sui generis*[1] que presta **serviço público federal**, autônomo e **independente**, dotado de **personalidade jurídica e forma federativa**.[2]

Por prestar serviço público federal e independente, a OAB não é classificada como um mero conselho de classe e, em razão disso, possui imunidade tributária sobre renda, patrimônio e serviços, nos termos do art. 45, § 5º, do EAOAB.

A OAB **não** mantém qualquer **vínculo funcional ou hierárquico** com órgãos da Administração Pública, seja direta ou indireta. É uma instituição autônoma e independente.

---

[1] Até 2006, considerava-se que a OAB possuía natureza jurídica de autarquia. Contudo, a partir de 2006, com o julgamento pelo STF da ADI nº 3.026, a OAB deixou de ser tratada como uma autarquia, e a natureza jurídica da OAB passou a ser considerada como a de uma instituição pública *sui generis*, ou seja, a OAB é uma instituição de caráter ímpar – STF, ADI nº 3.026/DF, julgamento em 08.06.2006 pelo Tribunal Pleno, de relatoria do Ministro Eros Grau.

[2] Art. 44 do EAOAB.

Compete privativamente à Ordem dos Advogados do Brasil a utilização da sigla **OAB**.

Embora caiba à Ordem a representação e disciplina dos advogados, tal fato não afasta a possibilidade de criação de um sindicato e a competência própria dos sindicatos e associações sindicais de advogados, quanto à defesa dos direitos dos advogados no curso de relações de trabalho.[3]

É da OAB a competência para fixação e cobrança dos seus inscritos referentes a contribuições, preços de serviços e multas. Neste contexto, a certidão de dívida passada pela diretoria do Conselho competente, relativa a crédito de contribuições, preços de serviços e multas constitui título executivo extrajudicial, nos termos do *caput* e do parágrafo único do art. 46 do EAOAB e do art. 55 do RGEAOAB.

O inadimplemento no pagamento da anuidade, de advogados e estagiários, implica:

a) pena disciplinar – com notificação para pagamento em 15 dias e, em caso de ausência de pagamento no prazo concedido, o advogado ou estagiário sofrerá suspensão de, no mínimo, 30 dias, até o efetivo pagamento; e

b) processo de execução civil.

Incumbe a cada Conselho Seccional fixar o valor das anuidades. As anuidades serão sempre fixadas até o dia 30 de novembro do ano anterior, sendo o Conselho Federal informado sobre os valores fixados no referido prazo, exceto se se tratar de ano de eleição, ocasião em que o prazo para fixação da anuidade será prorrogado até o dia 31 de janeiro do ano da posse. O valor da anuidade poderá ser parcelado.

---

3. Art. 45 do RGEAOAB.

No que se refere ao cargo de conselheiro ou de membro de diretoria de órgão da OAB, este será de exercício gratuito e obrigatório, cuja atividade será considerada como serviço público relevante, inclusive para fins de disponibilidade e aposentadoria.

Os Presidentes dos Conselhos Seccionais, Subseções e do Conselho Federal têm legitimidade para agir, judicial e extrajudicialmente, contra pessoa que infringir o EAOAB. Além disso, os presidentes têm legitimidade para intervir, inclusive como assistentes, nos processos de inquéritos em que sejam indiciados, acusados ou ofendidos os inscritos na OAB.

Cabe aos presidentes, também, requisitar, justificadamente, cópias de peças de autos e documentos a qualquer tribunal, magistrado, cartório e órgão da Administração Pública direta, indireta e fundacional.

Os atos, as notificações e as decisões dos órgãos da OAB, salvo quando reservados ou quando se tratar de administração interna, deverão ser publicados no *Diário Eletrônico* da OAB, a ser disponibilizado na internet, e que poderá ser afixado em Fórum local, na íntegra ou em resumo.[4]

De acordo com o disposto no art. 47 do RGEAOAB, os patrimônios do Conselho Federal, do Conselho Seccional, da Caixa de Assistência dos Advogados (CAA) e da Subseção são constituídos de bens móveis e imóveis e outros bens e valores que tenham adquirido ou venham a adquirir.

A alienação, a oneração ou a aquisição de bens da/pela OAB dependem de:

[4.] A Lei n° 13.688/2018 instituiu o *Diário Eletrônico* da OAB, para publicação apenas de atos da OAB.

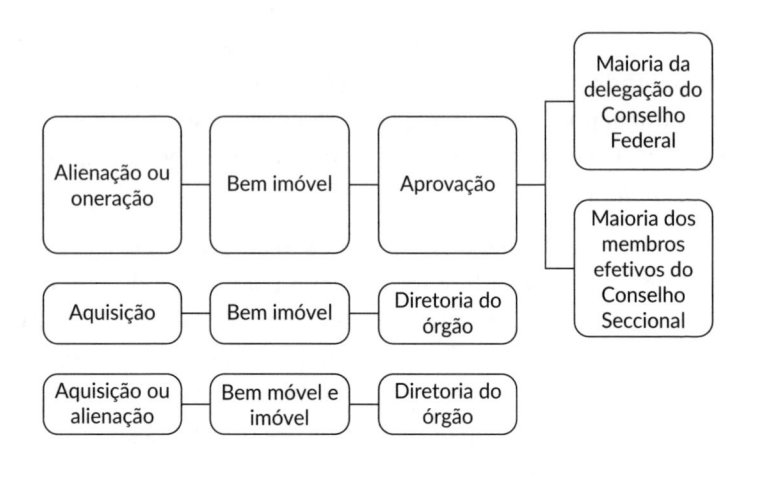

11.2 Finalidades

As finalidades da OAB estão inseridas nos incisos do art. 44 do EAOAB, e são as seguintes:

a) **Defender:**

- a **Constituição;**
- a **ordem jurídica** do Estado Democrático de Direito;
- os **direitos humanos;**
- a **justiça social.**

b) **Pugnar:**

- pela **boa aplicação das leis**;
- pela **rápida administração da justiça**; e
- pelo **aperfeiçoamento da cultura** e das **instituições jurídicas**.

c) **Promover**, com exclusividade, a **representação**, a **defesa**, a **seleção** e a **disciplina** dos **advogados** em toda a República Federativa do Brasil.

Em resumo, a OAB tem como finalidade a defesa da Constituição Federal, da lei, do Estado Democrático de Direito e dos direitos humanos, além da representação da classe de advogados como um todo.

11.3 Órgãos da OAB

A OAB é constituída pelo Conselho Federal, pelos Conselhos Seccionais – referentes a cada uma das Unidades Federativas e pelo Distrito Federal – e pelas Subseções. A CAA é órgão vinculado ao Conselho Seccional. A estrutura básica dos órgãos da OAB é a seguinte:

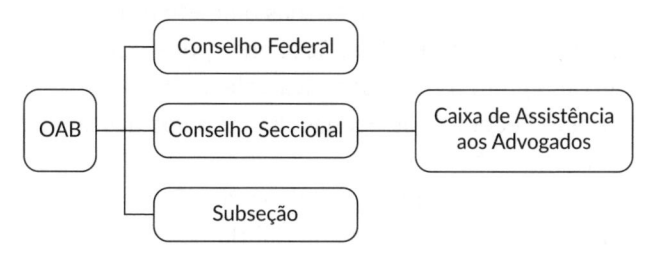

11.3.1 Conselho Federal

O Conselho Federal é o órgão máximo da OAB e está disciplinado nos arts. 51 a 55 do EAOAB, e nos arts. 62 a 104 do RGEAOAB.

O Conselho Federal é dotado de personalidade jurídica própria e constitui o último grau recursal na estrutura da OAB.

Está sediado na Capital da República (hoje, a capital é o Distrito Federal, mas o Conselho Federal sempre estará sediado na Capital da República, esteja ela onde estiver).

a) Composição

O Conselho Federal da OAB, conforme disposição dos arts. 62 do RGEAOAB e 51 do EAOAB, é composto por:

- Presidente do Conselho Federal que, nas deliberações do conselho, possui apenas o voto de qualidade.
- Conselheiros federais, integrantes das delegações de cada unidade federativa. Cada delegação é composta por três conselheiros federais e três membros suplentes. Trata-se de advogados eleitos.
- Ex-presidentes do Conselho Federal, que são membros honorários vitalícios, convidados para as sessões a que comparecerem e que possuem apenas o direito a voz.
- Presidentes dos Conselhos Seccionais, que possuem lugar reservado junto à sua respectiva delegação nas sessões do Conselho Federal, mas apenas direito a voz nas sessões, e não a voto.
- Presidente do Instituto dos Advogados Brasileiros (IAB) e os agraciados com a "Medalha Rui Barbosa" também compõem o Conselho Federal e podem participar das sessões do Conselho Pleno como convidados, e possuem apenas direito a voz.

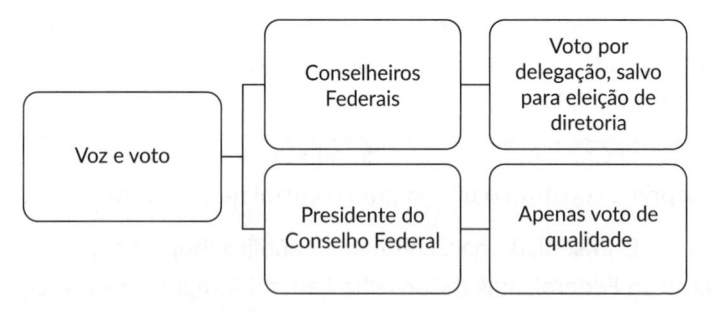

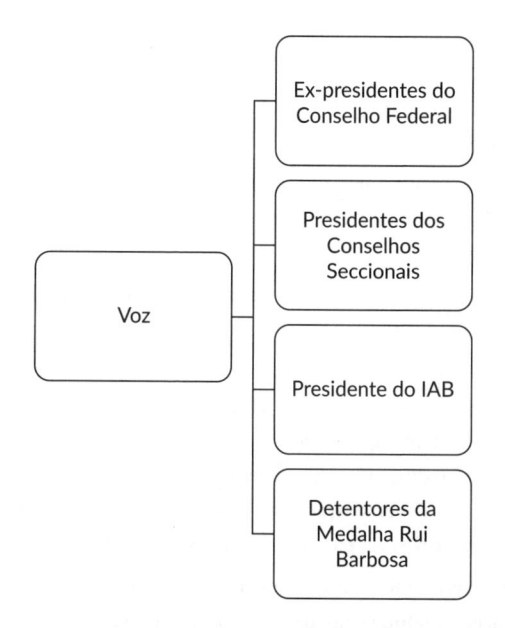

Direito a voz: importa na possibilidade de falar e emitir opiniões nas sessões do Conselho Federal, sem, necessariamente, possuir direito a voto.

Voto dos Conselheiros Federais: o voto dos conselheiros federais é tomado por delegação e não poderá ser exercido nas matérias que forem de interesse da Unidade Federativa que a delegação representa.

b) Competências

As competências do Conselho Federal da OAB estão elencadas no art. 54 do EAOAB, e são as seguintes:

> I – dar **cumprimento** efetivo às **finalidades da OAB**;
>
> II – **representar**, em juízo ou fora dele, os **interesses coletivos ou individuais dos advogados**;
>
> III – velar pela **dignidade, independência, prerrogativas e valorização** da advocacia;

IV – **representar**, com exclusividade, **os advogados brasileiros** nos órgãos e **eventos internacionais** da advocacia [ou seja, compete privativamente ao Conselho Federal da OAB a representação dos advogados fora do país];

V – **editar** e **alterar** o Regulamento Geral [RGEAOAB], o Código de Ética e Disciplina [CED], e os Provimentos que julgar necessários;

VI – adotar **medidas para assegurar o regular funcionamento dos Conselhos Seccionais**;

VII – **intervir** nos **Conselhos Seccionais**, onde e quando constatar grave violação desta lei ou do regulamento geral [mediante **aprovação** de **dois terços** das deleções, garantido o direito à ampla defesa do Conselho Seccional que sofrerá a intervenção – nesta situação será nomeada diretoria provisória para o Conselho Seccional];

VIII – **cassar ou modificar**, de ofício ou mediante representação, **qualquer ato**, de órgão ou autoridade da OAB, **contrário** a esta lei, ao regulamento geral, ao Código de Ética e Disciplina, e aos Provimentos, ouvida a autoridade ou o órgão em causa;

IX – **julgar**, em grau de recurso, as **questões decididas pelos Conselhos Seccionais**, nos casos previstos neste estatuto e no regulamento geral;

X – **dispor** sobre a **identificação** dos **inscritos** [advogados e estagiários] na OAB e sobre os respectivos **símbolos** privativos; [Foi o Conselho Federal, por exemplo, que autorizou a inclusão do nome social dos advogados e estagiários nos documentos de identificação.]

XI – apreciar o **relatório anual** e **deliberar** sobre o **balanço** e as contas de sua diretoria;

XII – **homologar** ou **mandar suprir relatório anual**, o balanço e as contas dos Conselhos Seccionais;

XIII – elaborar as **listas** constitucionalmente previstas, para o **preenchimento dos cargos** nos tribunais judiciários de âmbito nacional ou interestadual, ou seja, as listas para o **quinto constitucional**, com advogados que estejam em pleno exercício da profissão, vedada a inclusão de nome de membro do próprio Conselho ou de outro órgão da OAB [nas listas constitucionais];

XIV – ajuizar **ação direta de inconstitucionalidade** de normas legais e atos normativos, **ação civil pública, mandado de segurança coletivo, mandado de injunção** e demais **ações** cuja legitimação lhe seja outorgada por lei;

XV – colaborar com o **aperfeiçoamento dos cursos jurídicos**, e opinar, previamente, nos pedidos apresentados aos órgãos competentes para criação, reconhecimento ou credenciamento desses cursos;

XVI – **autorizar**, pela maioria absoluta das delegações, a **oneração ou alienação de seus bens imóveis** [nos termos do exposto anteriormente];

XVII – **participar de concursos públicos**, nos casos previstos na Constituição e na lei, em todas as suas fases, quando tiverem abrangência nacional ou interestadual;

XVIII – **resolver os casos omissos** neste estatuto;

XIX – **fiscalizar, acompanhar e definir parâmetros e diretrizes da relação jurídica** mantida entre advogados e sociedades de advogados ou entre escritório de advogados sócios e advogado associado, inclusive no que se refere ao cumprimento dos **requisitos norteadores da associação sem vínculo empregatício;**

XX – **promover**, por intermédio da **Câmara de Mediação e Arbitragem**, a **solução sobre questões atinentes à relação entre advogados sócios ou associados** e homologar, caso necessário, quitações de honorários entre advogados e sociedades de advogados, observada a impossibilidade de exclusão da apreciação do Poder Judiciário de lesão ou ameaça a direito. (Grifos nossos.)

Ademais, é competência privativa do Conselho Federal da OAB, em processo disciplinar próprio, dispor, analisar e decidir sobre a prestação efetiva do serviço jurídico realizado e sobre os honorários advocatícios dos serviços jurídicos realizados pelo advogado, resguardado o sigilo.

c) Órgãos do Conselho Federal

Nos termos do art. 64 do RGEAOAB, o Conselho Federal da OAB atua mediante os seguintes órgãos:

■ **Conselho Pleno:** presidido pelo presidente do Conselho Federal e secretariado pelo Secretário-Geral. Integram o Conselho Pleno os Conselheiros Federais de cada delegação e os ex-presidentes.

Compete ao Conselho Pleno, nos termos do art. 75 do RGEAOAB:

☐ Deliberar, em caráter nacional, sobre propostas e indicações relacionadas às finalidades institucionais da OAB e sobre as demais atribuições de competência do Conselho Federal, respeitadas as competências privativas dos demais órgãos deliberativos do Conselho Federal.

☐ Eleger o sucessor dos membros da Diretoria do Conselho Federal, em caso de vacância.

☐ Regular, mediante resolução, matérias de sua competência que não exijam edição de Provimento.

☐ Instituir, mediante Provimento, comissões permanentes para assessorar o Conselho Federal e a Diretoria.

O Conselho Pleno poderá decidir sobre todas as matérias privativas de seu órgão Especial nas situações em que o Presidente atribuir-lhes caráter de **urgência** e **grande relevância.**

Atenção!

■ O Presidente do IAB e os detentores da medalha Rui Barbosa participam do Conselho Pleno, mas apenas como **convidados**, razão pela qual possuem apenas **direito a voz, e não direito a voto.**

■ Os **ex-presidentes** empossados antes de **5 de julho de 1994** têm **direito de voto** equivalente ao de uma delegação, em todas as matérias, **exceto na eleição dos membros da Diretoria do Conselho Federal.** Os ex-presidentes empossados após 5 de julho de 1994 terão apenas direito de voz.

■ Para editar e alterar o Regulamento Geral, o CED e os Provimentos, e para intervir nos Conselhos Seccionais, é **indispensável** o quórum de **2/3** das delegações.

■ **Órgão Especial do Conselho Pleno:** presidido pelo vice-presidente do Conselho Federal e secretariado pelo Secretário--Geral Adjunto.

O Órgão Especial do Conselho Pleno é composto por apenas **um** conselheiro de cada delegação, sem prejuízo da sua participação no conselho pleno, e pelos ex-presidentes da OAB.

Compete ao Órgão Especial do Conselho Pleno, conforme o art. 85 do RGEAOAB, a deliberação privativa e em caráter irrecorrível sobre:

> I – recurso contra decisões das Câmaras, quando **não tenham sido unânimes** ou, sendo unânimes, **contrariem a Constituição, as leis, o Estatuto, decisões do Conselho Federal, este Regulamento Geral, o Código de Ética e Disciplina ou os Provimentos;**
>
> II – recurso contra **decisões unânimes** das Turmas, quando estas **contrariarem a Constituição, as leis, o Estatuto, decisões do Conselho Federal, este Regulamento Geral, o Código de Ética e Disciplina ou os Provimentos;**
>
> III – recurso contra **decisões do Presidente ou da Diretoria do Conselho Federal e do Presidente do Órgão Especial;**

IV – consultas escritas, formuladas em tese, relativas às **matérias de competência das Câmaras especializadas ou à interpretação do Estatuto**, deste **Regulamento Geral**, do **Código de Ética e Disciplina** e dos **Provimentos, devendo todos os Conselhos Seccionais ser cientificados do conteúdo das respostas;**

V – conflitos ou divergências entre órgãos da OAB;

VI – determinação ao Conselho Seccional competente para instaurar processo, quando, em autos ou peças submetidos ao conhecimento do Conselho Federal, encontrar fato que constitua infração disciplinar. (Grifos nossos.)

Atenção!

O Presidente do Órgão Especial é detentor de voto de qualidade, ou seja, além de votar por sua delegação, poderá utilizar o seu voto de qualidade para desempatar, no caso de empate.

A decisão do Órgão Especial constitui orientação dominante da OAB sobre a matéria, **quando consolidada em súmula publicada na imprensa oficial.**

■ **Primeira Câmara:** presidida pelo Secretário-Geral do Conselho Federal, a Primeira Câmara possui como atribuições:

☐ decidir os **recursos** sobre:

● **atividade de advocacia** e **direitos** e **prerrogativas** dos advogados e estagiários;

● **inscrição** nos quadros da OAB;

● **incompatibilidades** e **impedimentos**;

☐ expedir **resoluções** regulamentando o **Exame de Ordem**, para garantir sua eficiência e padronização nacional, ouvida a Comissão Nacional de Exame de Ordem;

☐ julgar as **representações sobre as matérias de sua competência**;

☐ **propor, instruir** e **julgar** os **incidentes de uniformização** de decisões de sua competência;

☐ determinar ao Conselho Seccional competente a **instauração** de processo quando, em autos ou peças submetidas ao seu julgamento, tomar conhecimento de fato que constitua **infração disciplinar**;

☐ julgar os recursos interpostos contra **decisões de seu Presidente.**

■ **Segunda Câmara:** é presidida pelo Secretário-Geral Adjunto do Conselho Federal e tem como atribuições:

☐ decidir os **recursos sobre ética** e **deveres do advogado**, **infrações** e **sanções** disciplinares;

☐ **promover** em âmbito nacional a **ética do advogado**, juntamente com os Tribunais de Ética e Disciplina, editando resoluções regulamentares ao CED;

☐ julgar as **representações** sobre as **matérias de sua competência**;

☐ propor, instruir e julgar os **incidentes de uniformização de decisões de sua competência**;

☐ determinar ao Conselho Seccional competente a **instauração** de processo quando, em autos ou peças submetidas ao seu julgamento, tomar conhecimento de fato que constitua **infração disciplinar**;

☐ julgar os **recursos interpostos contra decisões de seu Presidente**;

☐ **eleger**, dentre seus integrantes, os **membros da Corregedoria do Processo** Disciplinar:

● **em número máximo de três**;

● com atribuição, em caráter nacional, de orientar e fiscalizar a tramitação dos processos disciplinares de competência da OAB;

● podendo requerer informações e realizar diligências; e

● elaborando relatório anual dos processos em trâmite no Conselho Federal e nos Conselhos Seccionais e Subseções.

A Segunda Câmara será dividida em três Turmas.

A composição das Turmas se dará por ato do Presidente da Segunda Câmara.

Das decisões não unânimes das Turmas caberá recurso para o Pleno da Segunda Câmara.

Os processos recebidos pela Secretaria serão divididos em igualdade entre as Turmas.

Na composição, será observado o critério de representatividade regional, para estarem presentes todas as Regiões do país.

As Turmas serão presididas observando, em regra, o critério de antiguidade. Será admitido o revezamento, a critério dos seus membros, salvo a Turma integrada pelo Presidente da Segunda Câmara, que será por ele presidida.

No julgamento do recurso, poderá ser proposta a afetação ao Pleno da Câmara, por relevância ou especial complexidade, ou por questões de ordem que impliquem a adoção de procedimentos comuns pelas Turmas.

■ **Terceira Câmara:** presidida pelo Tesoureiro do Conselho Federal, possui como atribuições:

☐ decidir os **recursos** relativos à **estrutura**, aos **órgãos** e ao **processo eleitoral** da OAB;

☐ decidir os **recursos** sobre **sociedades de advogados, advogados associados** e advogados **empregados**;

☐ apreciar os relatórios anuais e deliberar sobre o **balanço e as contas da Diretoria** do **Conselho Federal** e dos **Conselhos Seccionais**;

☐ suprir as **omissões** ou regulamentar as normas aplicáveis às **Caixas de Assistência dos Advogados**, inclusive mediante resoluções;

☐ **modificar** ou **cancelar**, de ofício ou a pedido de qualquer pessoa, dispositivo do Regimento Interno do Conselho Seccional que contrarie o Estatuto ou este Regulamento Geral;

☐ julgar as **representações** sobre as matérias de sua competência;

☐ propor, instruir e julgar os **incidentes de uniformização** de decisões de sua **competência**;

☐ determinar ao Conselho Seccional competente a **instauração** de **processo** quando, em autos ou peças submetidas ao seu julgamento, tomar conhecimento de fato que constitua **infração disciplinar**;

☐ julgar os **recursos** interpostos contra **decisões de seu Presidente**.

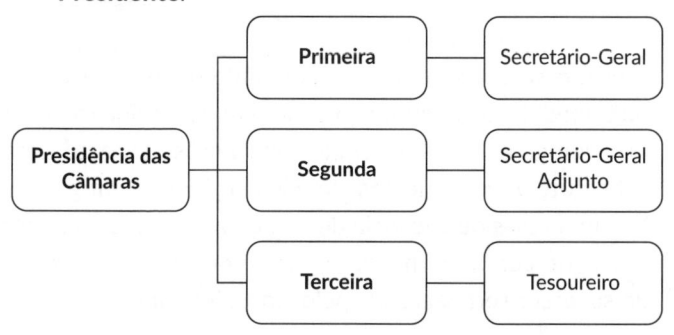

Atenção!

Os Secretários das Câmaras são designados, dentre seus integrantes, por seus Presidentes (art. 87, § 1º, RGEAOAB).

Em caso de falta ou impedimento dos Presidentes e Secretários das Câmaras, estes serão substituídos pelos Conselheiros mais antigos e, caso haja coincidência na antiguidade de Conselheiros, o desempate se dará pela escolha daquele que possui inscrição mais antiga (art. 87, § 2º, RGEAOAB).

O Presidente da Câmara, além de votar por sua delegação, tem o voto de qualidade, no caso de empate (art. 87, § 3º, RGEAOAB).

■ **Diretoria:** composta pelo Presidente, pelo Vice-Presidente, pelo Secretário-Geral, pelo Secretário-Geral Adjunto e pelo Tesoureiro.

A substituição do Presidente em caso de **faltas**, **licenças** e **impedimentos** se dará na seguinte **ordem**, sucessivamente:

Presidente	Vice-Presidente	Secretário-Geral	Secretário-Geral Adjunto	Tesoureiro

Ainda, caso o Tesoureiro tenha faltado ou esteja licenciado ou impedido, a substituição caberá ao Conselheiro Federal mais antigo e, caso haja coincidência nesse aspecto, será o substituto aquele que possuir a inscrição mais antiga.

Nas hipóteses de **vacância** de cargo na Diretoria, em decorrência de perda do mandato, morte ou renúncia, a **eleição** do sucessor será realizada pelo Conselho Pleno.

Competem à Diretoria, coletivamente, as seguintes atribuições, previstas nos incisos do art. 99 do RGEAOAB:

> I – dar **execução** às **deliberações** dos **órgãos** deliberati-
> vos do Conselho;
>
> II – **elaborar** e **submeter** à Terceira Câmara, na forma
> e prazo estabelecidos neste Regulamento Geral, **o orça-
> mento anual da receita e da despesa**, o relatório anual, o
> balanço e as contas;
>
> III – elaborar **estatística anual dos trabalhos** e **julgados
> do Conselho**;
>
> IV – **distribuir** e **redistribuir** as **atribuições** e **competên-
> cias** entre os seus membros;
>
> V – **elaborar e aprovar** o **plano de cargos** e salários e a
> política de administração de pessoal do Conselho, pro-
> postos pelo Secretário-Geral;
>
> VI – **promover assistência financeira aos órgãos da
> OAB**, em caso de necessidade comprovada e de acordo
> com previsão orçamentária;
>
> VII – **definir critérios para despesas** com transporte e
> hospedagem dos Conselheiros, membros das comissões
> e convidados;
>
> VIII – **alienar ou onerar bens móveis**;
>
> IX – **resolver os casos omissos** no Estatuto e no Regulamen-
> to Geral, *ad referendum* do Conselho Pleno. (Grifos nossos.)

■ **Presidente:** do Conselho Federal que corresponde ao Presidente Nacional da OAB. Competem ao Presidente as seguintes atribuições (art. 100):

> I – representar a OAB em geral e os advogados brasilei-
> ros, no país e no exterior, em juízo ou fora dele;

II – representar o Conselho Federal, em juízo ou fora dele;

III – convocar e presidir o Conselho Federal e executar suas decisões;

IV – adquirir, onerar e alienar bens imóveis, quando autorizado, e administrar o patrimônio do Conselho Federal, juntamente com o Tesoureiro;

V – aplicar penas disciplinares, no caso de infração cometida no âmbito do Conselho Federal;

VI – assinar, com o Tesoureiro, cheques e ordens de pagamento;

VII – executar e fazer executar o Estatuto e a legislação complementar.

Atenção!

O Presidente poderá ser reeleito, e com o exercício de um mandato se tornará membro honorário vitalício (art. 62, § 1°, RGEOAB) com direito a voz nas sessões do conselho. O Presidente Nacional da OAB exerce função dúplice: i) representa a OAB em âmbito nacional; e ii) representa a OAB e os advogados em eventos externos e internacionais.

■ **Vice-Presidente:** do Conselho Federal. Substituto do Presidente ao qual competem as seguintes atribuições (art. 101):

I – **presidir** o órgão **Especial e executar suas decisões**; e

II – **executar** as **atribuições** que lhe forem **cometidas pela Diretoria ou delegadas**, por portaria, pelo **Presidente**. (Grifos nossos.)

- **Secretário-Geral:** substituiu o Vice-Presidente, preside e executa as decisões da Primeira Câmara. Possui como atribuições (art. 102):

> I – presidir a Primeira Câmara e executar suas decisões;
>
> II – **dirigir** todos os **trabalhos** de Secretaria do Conselho Federal;
>
> III – **secretariar** as **sessões** do **Conselho Pleno;**
>
> IV – **manter** sob sua guarda e inspeção todos os **documentos** do Conselho Federal;
>
> V – **controlar** a **presença** e **declarar** a perda de **mandato dos Conselheiros Federais;**
>
> VI – executar a **administração** do **pessoal do Conselho Federal;**
>
> VII – emitir **certidões** e **declarações** do **Conselho Federal.** (Grifos nossos.)

- **Secretário-Geral Adjunto:** é o substituto legal do Secretário-Geral, preside e executa as decisões da Segunda Câmara. Tem como atribuições (art. 103):

> I – presidir a Segunda Câmara e executar suas decisões;
>
> II – **organizar** e **manter** o **cadastro nacional dos advogados** e estagiários, requisitando os dados e informações necessários aos Conselhos Seccionais e promovendo as medidas necessárias;
>
> III – executar as atribuições que lhe forem cometidas pela **Diretoria** ou **delegadas** pelo Secretário-Geral; e
>
> IV – **secretariar o Órgão Especial.** (Grifos nossos.)

■ **Tesoureiro:** é quem preside e executa as decisões da Terceira Câmara e substitui o Secretário-Geral Adjunto. Possui as seguintes atribuições (art. 104):

I – presidir a Terceira Câmara e executar suas decisões;

II – manter sob sua guarda os **bens e valores e o almoxarifado do Conselho**;

III – **administrar a Tesouraria**, controlar e pagar todas as despesas autorizadas e assinar cheques e ordens de pagamento com o Presidente;

IV – elaborar a **proposta de orçamento anual**, o relatório, os balanços e as contas mensais e anuais da Diretoria;

V – propor à Diretoria a **tabela de custas do Conselho Federal**;

VI – **fiscalizar e cobrar as transferências devidas** pelos Conselhos Seccionais ao Conselho Federal, propondo à Diretoria a intervenção nas Tesourarias dos inadimplentes;

VII – manter **inventário** dos **bens móveis e imóveis do Conselho Federal**, atualizado anualmente;

VIII – **receber e dar quitação** dos **valores recebidos** pelo Conselho Federal. (Grifos nossos.)

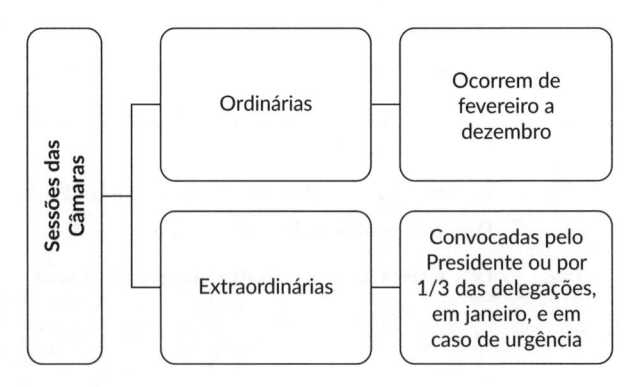

Atenção!

Nos termos do parágrafo único do art. 64 do RGEAOAB, o Conselho Federal poderá, para o desempenho das suas atividades, contar com comissões permanentes – definidas em Provimento – e com comissões temporárias. Todas as comissões serão designadas pelo Presidente Nacional da OAB e poderão, ou não, se integradas por Conselheiros Federais, ser submetidas a um regimento interno único, aprovado pela Diretoria do Conselho Federal, que o levará ao conhecimento do Conselho Pleno.

11.3.2 Conselhos Seccionais

Os Conselhos Seccionais da OAB são dotados de personalidade jurídica própria e estão disciplinados nos arts. 56 a 59 do EAOAB e 105 a 114 do RGEAOAB.

A jurisdição de cada Conselho Seccional corresponde à área territorial de seu respectivo Estado, Distrito Federal ou Território Federal. O Brasil não possui, hoje, territórios federais, mas, caso venha a possuir, serão constituídos os respectivos Conselhos Seccionais. A criação de novos Conselhos Seccionais se dá mediante resolução do Conselho Federal da OAB.

a) Composição

A composição do Conselho Seccional está prevista nos arts. 56 do EAOAB e 106 do RGEAOAB. Os Conselhos Seccionais são compostos por:

- **Diretoria:** composta por Presidente, Vice-presidente, Secretário-Geral, Secretário-Geral Adjunto e Tesoureiro, com direito a voz e voto.

- **Conselheiros eleitos:** com direito a voz e voto, incluindo os membros da Diretoria, proporcionalmente ao número de advogados com inscrição concedida, observados os seguintes critérios:

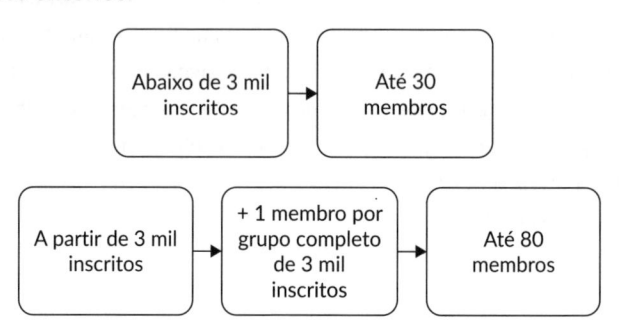

Cabe ao Conselho Seccional, observado o número da última inscrição concedida, fixar o número de seus membros, mediante resolução, sujeita a referendo do Conselho Federal, que aprecia a base de cálculo e reduz o excesso, se houver, nos termos do § 1° do art. 106 do RGEAOAB.

- **Ex-presidentes do Conselho Seccional:** a título honorário e vitalício, com direito a voz.
- **Presidente do IAB:** da unidade federativa em que se encontrar o Conselho Seccional, como membro honorário e convidado, e direito a voz em sessões.
- **Presidente do Conselho Federal:** com direito a voz por ser membro convidado.
- **Conselheiros Federais da delegação:** os três conselheiros que representam a Seccional no âmbito do Conselho Federal, como convidados e com direito a voz.
- **Presidente da Caixa de Advogados:** quando presente à sessão, como membro convidado e com direito a voz.
- **Presidentes das Subseções:** apenas com direito a voz, por se tratar de membros convidados.

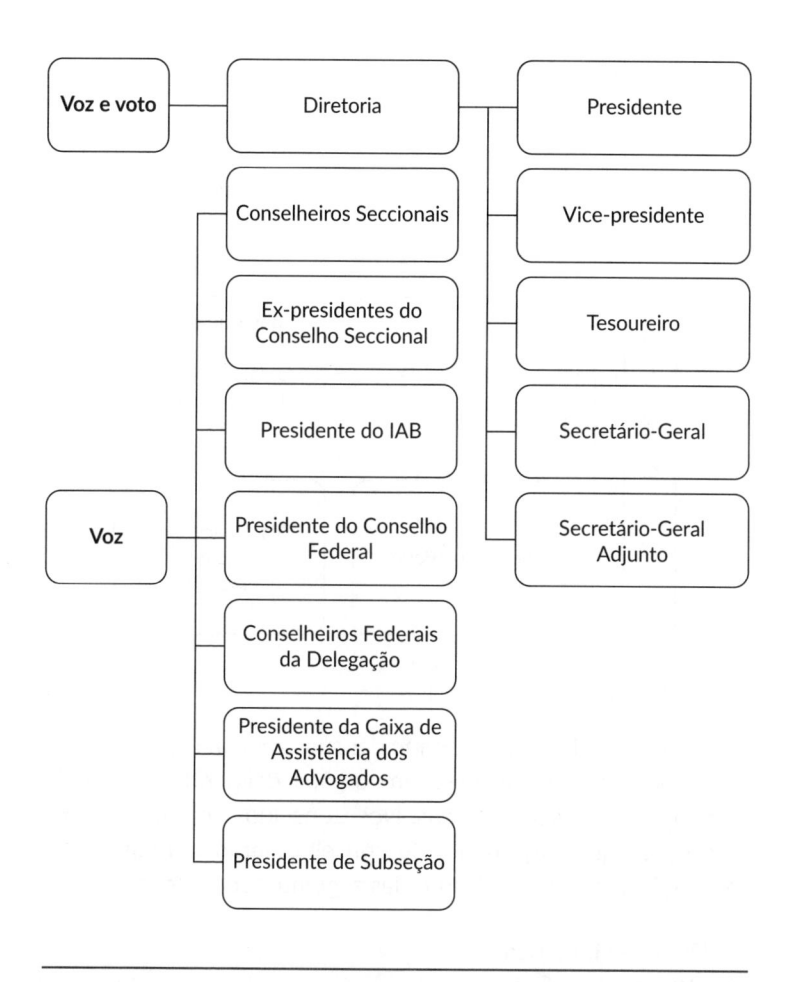

Atenção!

Nos termos do § 2° do art. 106 do RGEAOAB, o Conselho Seccional, a delegação do Conselho Federal, a diretoria da Caixa de Assistência dos Advogados, a diretoria e o conselho da Subseção podem ter **suplentes**, eleitos na chapa vencedora, em **número fixado entre a metade e o total de conselheiros titulares**.

b) Reuniões da Seccional

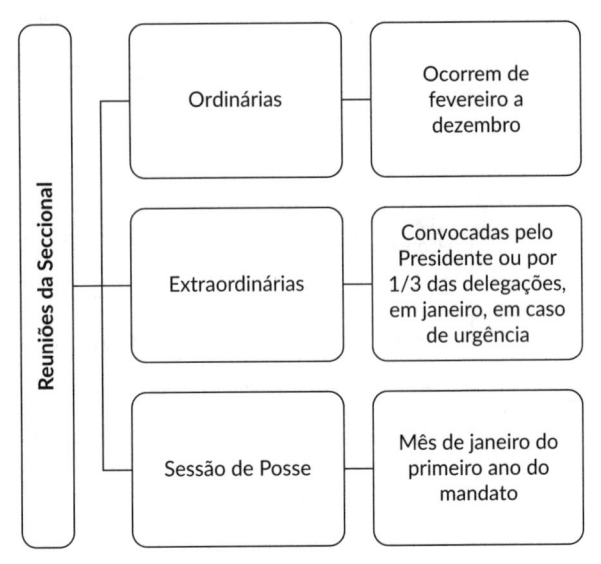

c) Comissões

Para melhor desempenho das suas atividades, o Conselho Seccional poderá dividir-se em órgãos deliberativos e instituir comissões especializadas. Nos Conselhos Seccionais e nas Subseções que disponham de conselho serão **obrigatórios** a instalação e o funcionamento das seguintes comissões:

- Direitos Humanos.
- Orçamento e Contas.
- Estágio e Exame de Ordem.

d) Competência

As matérias de competência privativa dos Conselhos Seccionais estão previstas no art. 58 do EAOAB, e são as seguintes:

- **Editar** seu **regimento interno** e **resoluções**, mediante quórum de 2/3 dos conselheiros.

■ **Criar** as **Subseções** e a **CAA**, desde que obtido quórum de 2/3 dos conselheiros.

■ **Julgar**, em grau de recurso, as **questões decididas** por seu Presidente, por sua diretoria, pelo TED, pelas diretorias das Subseções e da CAA.

■ **Fiscalizar** a aplicação da **receita**, apreciar o relatório anual e deliberar sobre o balanço e as contas de sua diretoria, das diretorias das Subseções e da Caixa de Assistência dos Advogados.

■ **Fixar** a **tabela de honorários**, válida para todo o território estadual.

■ **Realizar** o **Exame de Ordem:** cabe ao Conselho Federal a regulamentação do Exame de Ordem nacionalmente unificado. Contudo, caberá aos Conselhos Seccionais a sua efetiva realização – nos termos do regulamentado pelo Conselho Federal – com a fiscalização da aplicação da prova e verificação dos requisitos exigidos dos examinandos, quando dos pedidos de inscrição, assim como difundir as diretrizes e defender a necessidade do Exame de Ordem.

■ **Decidir** os pedidos de **inscrição** nos quadros de advogados e estagiários.

■ Manter **cadastro** de **seus** inscritos.

■ **Fixar, alterar e receber contribuições obrigatórias**, preços de serviços e multas.

■ Participar da **elaboração** dos **concursos públicos**, em todas as suas fases, nos casos previstos na Constituição e nas leis, no âmbito do seu território.

■ **Determinar**, com exclusividade, **critérios para o traje dos advogados**, no exercício profissional.

■ **Aprovar** e **modificar** seu **orçamento** anual.

■ Definir a **composição** e o funcionamento do **TED**, e escolher seus membros.

■ Eleger as **listas**, constitucionalmente previstas, para **preenchimento dos cargos nos tribunais judiciários**, no âmbito de sua competência e na forma do Provimento do Conselho Federal (= **quinto constitucional**), vedada a inclusão de membros do próprio Conselho e de qualquer órgão da OAB.

- **Intervir** nas **Subseções** e na **Caixa de Assistência dos Advogados**, mediante aprovação de 2/3 dos seus membros.

- **Desempenhar outras atribuições** previstas no regulamento geral, dentre as quais, por exemplo, o ajuizamento de ações para defesa coletiva dos interesses dos advogados inscritos no respectivo conselho.

- **Fiscalizar**, por designação expressa do Conselho Federal da OAB, a **relação jurídica mantida entre advogados e socie- dades de advogados e o advogado associado** em atividade na circunscrição territorial de cada seccional, inclusive no que se refere ao cumprimento dos **requisitos norteadores da associação sem vínculo empregatício**.

- **Promover**, por intermédio da **Câmara de Mediação e Arbitragem**, por designação do Conselho Federal da OAB, **a solução sobre questões atinentes à relação entre advo- gados sócios ou associados e os escritórios de advocacia sediados na base da seccional e homologar, caso necessá- rio**, quitações de honorários entre advogados e sociedades de advogados, observada a impossibilidade de exclusão da apreciação do Poder Judiciário de lesão ou ameaça a direito.

11.3.3 Subseções

As Subseções estão disciplinadas nos arts. 60 e 61 do EAOAB, e 115 a 120 do RGEAOAB, e podem ser criadas pelo Conselho Seccional, que fixará sua área territorial e seus limites de competência e autonomia, conforme disposto no *caput* do art. 60 do EAOAB. O § 1º de referido dispositivo dispõe que a área territorial da Subseção pode abranger um ou mais municí- pios, ou parte de um município, inclusive da capital do Estado.

Atenção!

■ A Subseção poderá ser constituída desde que seja domicílio profissional de, no mínimo, 15 advogados.

■ Se houver mais de 100 advogados, a Subseção pode ser integrada, também, por um conselho em número de membros fixado pelo Conselho Seccional.

■ Os números acima indicados podem ser ampliados, na forma do regimento interno do Conselho Seccional.

As Subseções são os únicos órgãos da OAB que não possuem personalidade jurídica própria. Elas não podem praticar atos de cunho decisório. Ainda, os Conselhos Seccionais poderão intervir na Subseção, desde que obtenham aprovação de 2/3 dos seus membros do conselho.

Ao Conselho Seccional caberá fixar, em seu orçamento, dotações específicas destinadas à manutenção das Subseções, nos termos do § 5º do art. 60 do EAOAB.

A Subseção será dotada de uma diretoria composta por presidente, vice-presidente, secretário-geral, secretário-geral adjunto e tesoureiro.

Eventuais conflitos de competência entre as próprias Subseções e entre Subseções e Conselho Seccional serão decididos pelo Conselho Seccional, com recurso voluntário ao Conselho Federal.

a) Requisitos para a criação

Para a criação de uma Subseção devem ser observados alguns requisitos:

■ **Objetivo:** a existência de, no mínimo, 15 advogados com domicílio profissional naquela localidade.

■ **Subjetivo:** levantamento da perspectiva de mercado, do custo de instalação e de manutenção (para verificação do custo-

-benefício) e da viabilidade da criação de uma Subseção.

■ **Comarca:** a existência de uma comarca judiciária no local em que se pretenda criar a Subseção.

Conforme disposto no art. 118 do RGEAOAB, a resolução do Conselho Seccional que criar uma Subseção deverá se atentar para:

> I – fixar sua base territorial;
>
> II – definir os limites de suas competências e autonomia;
>
> III – fixar a data da eleição da diretoria e do conselho, quando for o caso, e o início do mandato com encerramento coincidente com o do Conselho Seccional; e
>
> IV – definir a composição do conselho da Subseção e suas atribuições, quando for o caso.

b) Competência

As atribuições de competência da Subseção estão previstas nos incisos do art. 61 do EAOAB, e são as a seguintes:

> I – dar cumprimento efetivo às finalidades da OAB;
>
> II – velar pela dignidade, independência e valorização da advocacia, e fazer valer as prerrogativas do advogado;
>
> III – representar a OAB perante os poderes constituídos; e
>
> IV – desempenhar as atribuições previstas no regulamento geral ou por delegação de competência do Conselho Seccional.

c) Conselho da Subseção

As Subseções poderão possuir Conselhos onde houver quando tiver mais de 100 advogados inscritos e vinculados à Subseção. Nesta situação, ao Conselho da Subseção competirá o exercício das funções e atribuições do Conselho Seccional, na forma do regimento do referido Conselho, além das atividades a seguir indicadas, conforme as alíneas do parágrafo único do art. 61 do EAOAB:

a) editar seu regimento interno, a ser referendado pelo Conselho Seccional;

b) editar resoluções, no âmbito de sua competência;

c) instaurar e instruir processos disciplinares, para julgamento pelo Tribunal de Ética e Disciplina;

d) receber pedido de inscrição nos quadros de advogado e estagiário, instruindo e emitindo parecer prévio, para decisão do Conselho Seccional.

Nas Subseções que possuírem Conselho, o Presidente da Subseção designará um dos seus membros como relator, para o fim de instruir processo de inscrição de advogado ou estagiário nos quadros da OAB. Serão inscritos nas Subseções aqueles que possuírem domicílio profissional ou residência na sua base territorial. E essa mesma situação ocorrerá quando houver necessidade de apuração de processo disciplinar acerca de fato ocorrido na sua base territorial.

Os Relatores dos processos que estiverem em tramitação nas Subseções possuirão competência para instrução, de modo que poderão proceder com a oitiva de depoimentos, requisição de documentos, determinação da realização de audiências, além de poderem propor arquivamento ou outras providências ao Presidente da Subseção.

■ **Concluída a instrução do pedido de inscrição:** o relator submeterá parecer prévio ao conselho da Subseção, que poderá ser acompanhado pelo relator do Conselho Seccional.

■ **Concluída a instrução de processo disciplinar:** nos termos do EAOAB e do CED, o relator emitirá parecer prévio, o qual, caso seja homologado pelo Conselho de Subseção, será submetido a julgamento realizado pelo TED.

11.3.4 CAA

As CAA estão regulamentadas pelos arts. 62 do EAOAB, e 121 a 127 do RGEAOAB.

As CAA possuem personalidade jurídica própria para responder por seus direitos e obrigações, e são consideradas um órgão social da OAB, visto que possuem como finalidade prestar assistência aos advogados inscritos no Conselho Seccional a que se vinculem. Além disso, a CAA poderá, em benefício dos advogados, promover a seguridade complementar.

Compete ao Conselho Seccional, quando possuir mais de 1.500 inscritos em sua área territorial (domicílio profissional) a criação das CAA aos advogados que adquirem personalidade jurídica com a aprovação e o registro de seu estatuto pelo respectivo Conselho Seccional da OAB. Também será de competência do Conselho Seccional a fixação da contribuição obrigatória devida por seus inscritos, destinada à manutenção da seguridade complementar, incidente sobre atos decorrentes do efetivo exercício da advocacia.

Atenção!

Caberá à CAA a **metade da receita das anuidades recebidas pelo Conselho Seccional**. Esse valor considerará o importe resultante **após as deduções** regulamentares obrigatórias.

Caso a CAA seja extinta ou desativada, o seu patrimônio se incorporará ao do Conselho Seccional respectivo. Ainda, poderá o Conselho Seccional intervir na CAA, mediante aprovação de 2/3 dos seus membros, nos casos de **descumprimento de suas finalidades**, oportunidade em que o Conselho Seccional designará diretoria provisória para o período em que durar a intervenção.

A diretoria da CAA, nos termos do § 4º do art. 62 do EAOAB é composta por cinco membros, com atribuições definidas no seu regulamento interno.

A CAA poderá contar com departamentos específicos, integrados por profissionais designados por sua Diretoria. O plano de empregos e salários do pessoal da CAA será aprovada pela sua Diretoria e dependerá de homologação pelo Conselho Seccional.

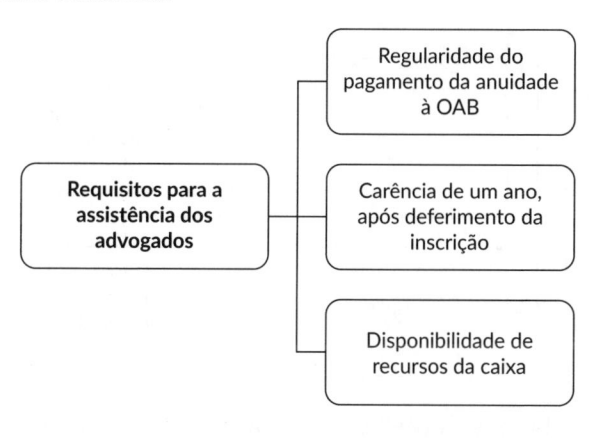

Atenção!

O Estatuto da Caixa de Assistência poderá prever a dispensa dos dois primeiros requisitos (regularidade de pagamento e carência de um ano) em casos especiais.

11.4 Receitas dos órgãos da OAB

Conforme disposição dos incisos do art. 56 do RGEAOAB, as receitas brutas mensais das anuidades, incluídas eventuais atualizações monetárias e juros, serão deduzidas em 60%, destinados da seguinte forma:

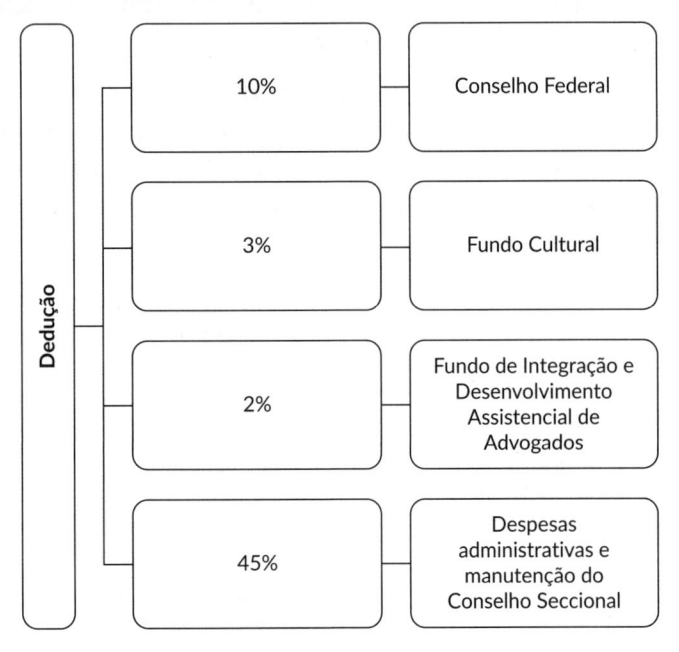

Cabe aos Conselhos Seccionais a elaboração dos seus orçamentos anuais considerando o limite de 45% para manutenção da sua estrutura administrativa e de suas subseções. A margem resultante poderá ser utilizada para suplementação orçamentária no exercício, caso se faça necessária. Ainda, qualquer transferência de bens ou recursos de um Conselho Seccional a outro depende de autorização do Conselho Federal.

Competirá privativamente ao Conselho Seccional, na primeira sessão ordinária do ano, apreciar o relatório anual e deliberar sobre o balanço e as contas da Diretoria do Conselho Seccional, da CAA e das Subseções, referente ao exercício anterior.

Atenção!

■ **Lista sêxtupla para o quinto constitucional:** cabe aos órgãos da OAB a indicação.

■ **Tribunal Estadual:** quando se tratar de vaga para Tribunal de âmbito estadual, a indicação será realizada pelo respectivo Conselho Seccional.

■ **Tribunal Federal ou Interestadual:** se a vaga se der para Tribunal de âmbito federal ou interestadual, a indicação da lista sêxtupla será realizada pelo Conselho Federal.

Em regra, compete ao Conselho Federal a representação dos advogados fora do país em eventos internacionais. Contudo, os Conselhos Seccionais poderão representar a OAB e os advogados em tais eventos quando autorizados pelo Presidente Nacional da OAB.

■ **Banca de concurso:** os órgãos da OAB integrarão os concursos realizados.

■ **Concurso Estadual:** os concursos estaduais terão a presença de membros do respectivo Conselho Seccional.

■ **Concurso Federal ou Interestadual:** será acompanhado por membros do Conselho Federal.

11.5 Medalha Rui Barbosa

A Medalha Rui Barbosa é a comenda máxima conferida pelo Conselho Federal às grandes personalidades brasileiras da advocacia.

Ela poderá ser concedida uma vez em cada mandato do Conselho Federal – ou seja, poderá ser concedida uma vez a cada três anos – e será entregue ao homenageado em sessão solene.

Aqueles que recebem a medalha Rui Barbosa passam a ser considerados membros honorários do Conselho Federal da OAB e têm direito a voz nas sessões do referido conselho – sem, contudo, possuírem direito a voto e poderes decisórios.

Prêmio Luiz Gama

- Conselho Federal da OAB.

- Concedido a dias personalidades, um homem e uma mulher, preferencialmente um advogado e uma advogada, e a uma Instituição ou Entidade.

- Serão escolhidos aqueles que se destacam em suas atuações e atividades na defesa e na promoção da igualdade, da justiça social e da dignidade da pessoa humana, e no combate ao racismo e às desigualdades raciais, sociais e regionais.

- O "Prêmio Luiz Gama" será concedido uma vez a cada gestão, e sua entrega será feita na Conferência Nacional da Advocacia Brasileira.

11.6 Conferência Nacional da Advocacia

A Conferência Nacional da Advocacia, também conhecida pela sigla "CNA", está disciplinada nos arts. 145 a 150 do RGEAOAB.

A CNA é o órgão consultivo máximo do Conselho Federal da OAB. Ela se reúne trienalmente, no segundo ano do mandato, e tem por objetivo estudar e discutir questões que digam respeito a questões relacionadas à OAB, como finalidades, prioridades e metas.

A data, o local e o tema central das CNAs são decididos no primeiro ano de mandato.

Podem ocorrer CNAs nos Estados e no Distrito Federal, nos mesmos moldes da realizada perante o Conselho Federal.

Ao final da CNA, será realizada uma ata com as suas conclusões. Referidas conclusões terão caráter de recomendação aos Conselhos correspondentes.

11.6.1 Composição

São membros da CNA:

a) **Efetivos:**

- Conselheiros e Presidentes dos órgãos da OAB presentes.
- Advogados e estagiários inscritos na Conferência.

  Todos os membros efetivos têm **direito a voz e voto** na CNA.

b) **Convidados:** pessoas a quem a Comissão Organizadora conceder tal qualidade.

  Não possuirão direito a voto, exceto se forem advogados convidados pelo conselho, que terão direito a voz e voto.

Resumo

- **OAB – Características:**
  - ☐ Serviço público.
  - ☐ Personalidade jurídica.
  - ☐ Forma federativa.
  - ☐ Possui imunidade tributária.
  - ☐ Não mantém qualquer vínculo funcional ou hierárquico com órgãos da Administração Pública.
  - ☐ A utilização da sigla OAB é privativa da Ordem dos Advogados do Brasil.

- ☐ Possui competência para fixação e cobrança dos seus inscritos.
- ☐ O inadimplemento no pagamento da anuidade implica:
  - ● pena disciplinar;
  - ● processo de execução civil.
- ■ **Finalidades:**
- ☐ Defender a Constituição, a ordem jurídica do Estado Democrático de Direito, os direitos humanos e a justiça social.
- ☐ Pugnar pela boa aplicação das leis, pela rápida administração da justiça e pelo aperfeiçoamento da cultura e das instituições jurídicas.
- ☐ Promover, com exclusividade, a representação, a defesa, a seleção e a disciplina dos advogados em toda a República Federativa do Brasil.
- ■ **Órgãos da OAB:**
- ☐ Conselho Federal
  - ● Órgão máximo da OAB.
  - ● Dotado de personalidade jurídica própria.
  - ● Último grau recursal na estrutura da OAB.
  - ● Sediado na Capital da República.
  - ● Composto por:
    - ○ Presidente do Conselho Federal – direito a voto.
    - ○ Conselheiros federais – direito a voto.
    - ○ Ex-presidentes do Conselho Federal.
    - ○ Presidentes dos Conselhos Seccionais.
    - ○ Presidente do IAB.
    - ○ Agraciados com a "Medalha Rui Barbosa".
  - ● Órgãos do Conselho Federal:
    - ○ Conselho Pleno.
    - ○ Órgão Especial do Conselho Pleno.
    - ○ Primeira Câmara.
    - ○ Terceira Câmara.
    - ○ Diretoria.
    - ○ Presidente.
    - ○ Vice-Presidente.
    - ○ Secretário-Geral.

- ○ Secretário-Geral Adjunto.
- ○ Tesoureiro.
- □ **Conselhos Seccionais:**
- ● Composição:
  - ○ Diretoria.
  - ○ Conselheiros eleitos: incluindo os membros da Diretoria, proporcionalmente ao número de advogados com inscrição concedida.
  - ○ Ex-presidentes do Conselho Seccional: com direito a voz.
  - ○ Presidente do IAB: com direito a voz em sessões.
  - ○ Presidente do Conselho Federal: com direito a voz por ser membro convidado.
  - ○ Conselheiros Federais da delegação: com direito a voz.
  - ○ Presidente da CAA: com direito a voz.
  - ○ Presidentes das Subseções: com direito a voz.
- □ **Subseções:**
- ● Podem ser criadas pelo Conselho Seccional.
- ● A área territorial pode abranger um ou mais municípios, ou parte de um município, inclusive da capital do Estado.
- ● Não possuem personalidade jurídica própria.
- ● Não podem praticar atos de cunho decisório.
- ● Os Conselhos Seccionais poderão intervir na Subseção, mediante aprovação de 2/3 dos seus membros do conselho.
- ● A Subseção será dotada de uma diretoria composta por:
  - ○ Presidente.
  - ○ Vice-presidente.
  - ○ Secretário-geral.
  - ○ Secretário-geral adjunto.
  - ○ Tesoureiro.
- ● Requisitos para a criação:
  - ○ existência de, no mínimo, 15 advogados com domicílio profissional naquela localidade;
  - ○ levantamento da perspectiva de mercado, do custo de instalação e de manutenção e da viabilidade da criação de uma Subseção;

○ existência de uma comarca judiciária no local em que se pretenda criar a Subseção.

□ **CAA:**

● Possui personalidade jurídica própria.

● Tem a finalidade prestar assistência aos advogados inscritos no Conselho Seccional.

● Exige mais de 1.500 inscritos em sua área territorial para criação.

● Tem direito a metade da receita das anuidades recebidas pelo Conselho Seccional, após deduções obrigatórias.

Medalha Rui Barbosa:

■ Comenda máxima conferida pelo Conselho Federal às grandes personalidades brasileiras da advocacia.

■ Poderá ser concedida uma vez em cada mandato do Conselho Federal.

■ Aqueles que a recebem passam a ser considerados membros honorários do Conselho Federal da OAB.

■ Os agraciados com a comenda têm direito à voz nas sessões do Conselho Federal.

CNA:

■ Órgão consultivo máximo do Conselho Federal da OAB.

■ Reunida trienalmente.

■ Visa estudar e discutir questões que digam respeito a questões relacionadas à OAB.

■ Composição:

□ Membros efetivos com direito a voz e voto: i) Conselheiros e Presidentes dos órgãos da OAB presentes, ii) advogados e estagiários inscritos na Conferência e iii) advogados não inscritos convidados pelo Conselho Federal.

□ Convidados que não possuirão direito de voto, apenas de voz: Pessoas – não advogadas – a quem a Comissão Organizadora conceder tal qualidade.

12

Eleições de membros da OAB e mandato

12.1 Introdução e prazos

A eleição de todos os membros dos órgãos da OAB será feita mediante votação direta dos advogados regularmente inscritos. O **comparecimento** na eleição é **obrigatório** para todos os advogados inscritos na Ordem.

As eleições serão convocadas pelo Conselho Seccional com **antecedência de 45 dias** e ocorrerão na **segunda quinzena do mês de novembro**, do **último ano do mandato**, durante **oito horas**, e seguirá a forma, os critérios e os procedimentos estabelecidos no Regulamento Geral, de modo que deverão constar de edital publicado pelo Conselho Seccional as seguintes informações:

Dia da eleição	Prazo para o registro das chapas, na Secretaria do Conselho	Modo de composição da chapa	Nominata dos membros da Comissão Eleitoral escolhida pela Diretoria
Segunda quinzena de novembro	Prazo contínuo de oito horas, com início fixado pelo Conselho Seccional	Até 30 dias antes da votação	Incluindo o número de membros do Conselho Seccional	Prazo de três dias úteis, tanto para a impugnação das chapas quanto para a defesa, e de cinco dias úteis para a decisão da Comissão Eleitoral	Indicação dos locais de votação

12.2 Votação

A votação será realizada por chapas, de modo direto para os cargos de Conselho Seccional, Subseção, e CAA. Ou seja, ao votar na chapa, o advogado estará votando, diretamente, para todos esses cargos.

Por outro lado, a votação para o Conselho Federal será indireta. Os advogados escolherão a chapa representante da sua Seccional e serão os Conselheiros Federais eleitos que, após tomar posse, votarão para a Diretoria do Conselho Federal.

Por ser a votação dos advogados regulamente inscritos na OAB uma conduta obrigatória, salvo motivo justificado, caso aquele que deveria votar deixa de proceder com a sua obrigação e não justifica, será obrigado a proceder com o pagamento de uma multa no importe de 20% do valor da anuidade.

A votação será realizada por meio de urna eletrônica, exceto comprovada impossibilidade, ocasião em que será realizada por cédula única e deverá ser feita no número atribuído a cada chapa, por ordem de inscrição. Ao Conselho Seccional é facultada a escolha do sistema de votação por meio de urna eletrônica ou plataforma *on-line*, permitindo-se a sua realização em outro formato com a devida comprovação de impossibilidade.

A votação será realizada na forma *on-line* e/ou presencial, no modo e nos locais estabelecidos no edital de convocação das eleições, perante as Mesas Eleitorais constituídas pela Comissão Eleitoral, caso a eleição se realize de modo presencial, observando-se, em quaisquer das modalidades, que o advogado deverá votar por meio de senha unipessoal e intransferível ou certificação digital, atestada pelo sistema eletrônico de votação, na hipótese de votação *on-line*, e, caso a votação seja presencial.

12.2.1 Voto

Seguem as indicações das situações em que o voto nas eleições da OAB será obrigatório, opcional e proibido.

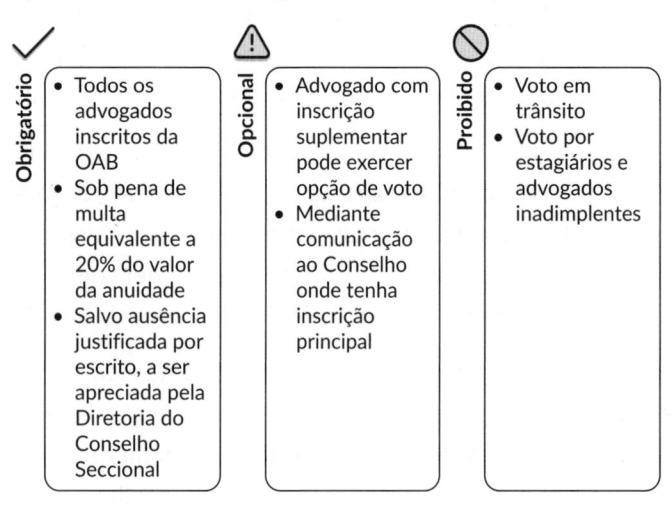

Obrigatório
- Todos os advogados inscritos da OAB
- Sob pena de multa equivalente a 20% do valor da anuidade
- Salvo ausência justificada por escrito, a ser apreciada pela Diretoria do Conselho Seccional

Opcional
- Advogado com inscrição suplementar pode exercer opção de voto
- Mediante comunicação ao Conselho onde tenha inscrição principal

Proibido
- Voto em trânsito
- Voto por estagiários e advogados inadimplentes

12.2.2 Candidatos

Os candidatos para cargos em órgãos da OAB deverão:

Comprovar situação regular perante a OAB

- Possuir inscrição na respectiva Seccional da OAB, com inscrição principal ou suplementar
- Não ocupar cargo exonerável *ad nutum*, mesmo que compatíveis com a advocacia
- Não ter sido condenado por infração disciplinar, salvo reabilitação
- Estar em dia com as anuidades
- Não estar em débito com a prestação de contas ao Conselho Federal, se cabível
- Em caso de eleições para cargos de Conselheiro Seccional e Subseções: ter exercício efetivo da profissão há mais de três anos
- Em caso de eleições para demais cargos, inclusive do Conselho Federal: exercer efetivamente a profissão há mais de cinco anos

- Não integrar listas, com processo em tramitação, para provimento de cargos nos tribunais judiciais ou administrativos
- Não ocupar cargos ou funções incompatíveis com a advocacia, em caráter permanente ou temporário
- Não ter representação disciplinar em curso, já julgada procedente por órgão do Conselho Federal
- Não ter tido contas rejeitadas
- A Comissão Eleitoral poderá exigir a devida comprovação

Caso membros de órgãos da OAB que estejam no desempenho de seus mandados queiram concorrem à reeleição, poderão permanecer nos cargos.

12.2.3 Chapas

Nas eleições para órgãos da OAB, deverão ser compostas chapas, não sendo permitida candidatura isolada e tampouco de candidatos que integrem mais de uma chapa.

Apenas serão admitidas a registro chapas completas, que deverão atender ao **percentual de 50% de cada gênero**, e ao **mínimo 30% de advogados e advogadas negros**,[1] com indicação dos candidatos aos cargos de diretoria do Conselho Seccional, de conselheiros seccionais, de conselheiros federais, de diretoria da CAA, do Conselho Federal e das Subseções, e de suplentes, se houver.

Atenção!

■ O percentual relacionado a candidaturas de cada gênero aplicar-se-á quanto às Diretorias do Conselho Federal, dos Conselhos Seccionais, das Subseções e das CAA, e deverá incidir sobre os cargos de titulares e suplentes, se houver, salvo se o número for ímpar, quando se aplicará o percentual mais próximo a 50% na composição de cada gênero.

■ Em relação ao registro das vagas ao Conselho Federal, o percentual relacionado às candidaturas de cada gênero levará em consideração a soma entre os titulares e suplentes, devendo a chapa garantir pelo menos uma vaga de titularidade para cada gênero.

[1.] Assim considerados os inscritos na OAB que se classificam (autodeclaração) como negros, ou seja, pretos ou pardos, ou definição análoga (critérios subsidiários de heteroidentificação) – art. 131 do RGEAOAB, com redação dada pela Resolução n° 5/2020 do Conselho Federal da OAB.

■ O percentual das cotas raciais será aplicado levando-se em conta o total dos cargos da chapa, e não por órgãos, como previsto para as candidaturas de cada gênero.

■ Fica delegado à Comissão Eleitoral, de cada Seccional, analisar e deliberar os casos onde as chapas das Subseções informarem a inexistência ou insuficiência de advogados negros (pretos e pardos) e advogadas negras (pretas e pardas), com condições de elegibilidade a concorrer nas chapas, no percentual aprovado em 30%.

a) **Requerimento de Inscrição:** o requerimento de inscrição das chapas será dirigido ao Presidente da Comissão Eleitoral e subscrito pelo Candidato a presidente, e por mais dois candidatos à Diretoria, e deverá conter:

■ nome completo;

■ número de inscrição na OAB e endereço profissional de cada candidato;

■ indicação do cargo a que cada advogado concorre, acompanhado de autorização escrita dos candidatos integrantes da chapa.

Chapa para o Conselho Seccional: deve ser composta pelos candidatos ao conselho e à sua diretoria e, ainda, pelos candidatos à delegação ao Conselho Federal e à Diretoria da CAA. Será realizada uma eleição conjunta.

Portanto, na chapa do Conselho Seccional serão previstos Presidente, Vice, Secretário-Geral, Secretário-Geral Adjunto, Tesoureiro, Conselheiros Seccionais, diretoria da CAA, os três Conselheiros Federais que representarão a delegação da Seccional perante o Conselho Federal e suplentes, se houver.

Chapa para a Subseção: deve ser composta pelos candidatos à Diretoria da Subseção e ao conselho, quando houver.

O edital das eleições definirá se as chapas concorrentes às Subseções são registradas nas próprias Subseções ou na secretaria do respectivo Conselho Seccional.

b) **Suspensão de registro:** a Comissão Eleitoral suspenderá o registro da chapa incompleta ou que inclua candidato inelegível. Nessa situação, será concedido prazo improrrogável de **cinco dias úteis** pelo Presidente do Conselho Seccional para sanar a irregularidade.

c) **Substituição de integrante da chapa:** poderá ser requerida a substituição de integrante da chapa em caso de desistência, morte ou inelegibilidade, sem alteração da cédula única já composta, considerando-se votado o substituído.

d) **Denominação:** a chapa será registrada com denominação própria, observada a preferência pela ordem de apresentação dos requerimentos. As chapas não poderão utilizar termos, símbolos ou expressões iguais ou semelhantes às daquelas que forem registradas anteriormente.

e) **Doações para campanha:** poderão ser efetuadas doações para campanha por advogados, inclusive candidatos, desde o pedido de registro da chapa.

É vedada a doação por pessoas físicas que não sejam advogadas, e qualquer empresa ou pessoa jurídica. As doações por pessoas vedadas poderão implicar o indeferimento de registro da chapa ou a cassação do seu mandato.

As chapas, obrigatoriamente, deverão prestar contas da campanha por parte das chapas concorrentes, devendo ser fixado pelo Conselho Federal o limite máximo de gastos. O Conselho Federal também fixará o limite máximo de doações para as campanhas eleitorais por parte de quem não é candidato.

12.3 Eleição

Serão considerados eleitos os candidatos integrantes da chapa que obtiver a maioria dos votos válidos.

a) Diretoria do Conselho Federal

A Diretoria do Conselho Federal tomará posse no dia 1º de fevereiro do ano seguinte ao da eleição do Conselho Seccional. A eleição da Diretoria do Conselho Federal observará as seguintes regras:

■ O registro de candidatura à presidência será admitido, junto ao Conselho Federal, desde seis meses até um mês antes da eleição.

■ O requerimento de registro deverá ser acompanhado do apoiamento de, no mínimo, seis Conselhos Seccionais.

■ O registro da chapa completa deverá ser requerido até um mês antes das eleições, sob pena de cancelamento da candidatura respectiva.

■ O Conselho Federal elegerá no dia 31 de janeiro do ano seguinte ao da eleição, em reunião presidida pelo conselheiro mais antigo, sua diretoria, que tomará posse no dia seguinte:

☐ A eleição será feita por **voto secreto.**

☐ O **mandato** da Diretoria do Conselho Federal será de **três anos**

■ Será considerada eleita a chapa que obtiver *maioria simples* dos votos dos Conselheiros Federais.

☐ O quórum para realização da votação é de maioria simples – metade mais um de seus membros.

■ Com exceção do candidato a Presidente, os demais integrantes da chapa deverão ser conselheiros federais eleitos.

12.4 Mandatos

a) Prazo

Os mandatos de quaisquer órgãos da OAB serão de **três anos**, iniciando-se no dia 1º de janeiro do ano seguinte ao da eleição, salvo Conselho Federal, visto que os Conselheiros Federais iniciarão seus mandatos no dia primeiro de fevereiro do ano seguinte ao da eleição. Os Conselheiros poderão ser reeleitos.

b) Extinção do mandato

O mandato se extinguirá ao final do prazo de três anos. Ainda, haverá a extinção automática do mandato, antes do seu término, nas seguintes ocasiões:

- Quando ocorrer qualquer hipótese de cancelamento de inscrição ou de licenciamento do profissional.
- Se o titular sofrer condenação disciplinar.
- Nas ocasiões em que o titular faltar, sem motivo justificado, a três reuniões ordinárias consecutivas de cada órgão deliberativo do conselho ou da diretoria da Subseção ou da Caixa de Assistência dos Advogados, não podendo ser reconduzido no mesmo período de mandato.

Extinto qualquer mandato antes do prazo de três anos, pelas hipóteses indicadas, a escolha do substituto, caso não haja suplente, caberá ao Conselho Seccional.

12.5 Exercício de cargos

O cargo de conselheiro ou membro de diretoria de órgão da OAB é de exercício **gratuito** e **obrigatório**, considerado

serviço público relevante. O tempo de exercício de cargos será contado para disponibilidade e aposentadoria.

Os advogados no exercício de cargos ou funções na OAB não poderão formar contratos onerosos de prestação de serviços ou fornecimento de produtos com as entidades integrantes da OAB. Ainda, não poderão adquirir ou alienar bens – sejam móveis ou imóveis – de qualquer órgão da OAB.

12.6 Divulgação

A ampla divulgação das eleições caberá aos Conselhos Seccionais, em seus meios de comunicação, que não poderão recusar a publicação do programa de todas as chapas.

Atenção!

A publicação e a divulgação deverão ser feitas em condições de **absoluta igualdade** do programa de todas as chapas.

A chapa poderá solicitar o fornecimento, em 72 horas, da listagem atualizada dos advogados, com os respectivos nomes e endereços postais, mediante requerimento:

a) escrito;

b) formulado pela chapa;

c) assinado pelo representante legal da chapa; e

d) dirigido ao Presidente da Comissão Eleitoral.

Essa listagem será fornecida mediante pagamento de taxas fixadas pelo Conselho Seccional. Não será admitido mais de um requerimento neste sentido por chapa concorrente.

12.7 Propaganda eleitoral

As chapas que praticarem ato de abuso de poder econômico, político e dos meios de comunicação, ou que forem diretamente beneficiadas, perderão o mandato.

São configurados atos de abuso ou que podem beneficiar diretamente a chapa:

a) propaganda transmitida por meio de **emissora de televisão ou rádio**, com entrevistas e debates com os candidatos;

b) propaganda por meio de *outdoors* ou com emprego de **carros de som** ou **assemelhados**;

c) propaganda na **imprensa**, a qualquer título, ainda que gratuita, que **exceda**, por edição, a **um oitavo de página de jornal padrão e a um quarto de página de revista ou tabloide, não podendo exceder**, ainda, a **10 edições**;

d) uso de **bens imóveis e móveis pertencentes à OAB**, à **Administração direta ou indireta** da União, dos Estados, do Distrito Federal e dos Municípios, ou de **serviços por estes custeados**, em **benefício de chapa** ou de candidato, **ressalvados os espaços da Ordem que devam ser utilizados, indistintamente, pelas chapas concorrentes**;

e) **pagamento**, por candidato ou chapa, de **anuidades de advogados** ou **fornecimento de quaisquer outros tipos de recursos financeiros ou materiais** que possam **desvirtuar** a **liberdade** do **voto**;

f) **utilização de servidores da OAB** em atividades de campanha eleitoral.

A propaganda eleitoral apenas poderá ter início após o pedido de registro da chapa, e tem como finalidade a apresentação e o debate de propostas e ideias relacionadas às finalidades da OAB e aos interesses da Advocacia.

Atenção!

São vedados os atos que visem a exclusiva promoção pessoal de candidatos e a abordagem de temas que a) comprometam a dignidade da profissão e da OAB, ou b) ofendam a honra e a imagem de candidatos.

A realização de propaganda antecipada ou proibida importará em notificação e advertência da chapa para que, em 24 horas, seja suspensa. O desrespeito da determinação de suspensão da propaganda irregular importará na aplicação de **multa no valor de 1 a 10 anuidades**.

São vedados os seguintes atos:

a) divulgação de pesquisa eleitoral no período de **15 dias** antes da data das eleições;

b) regularização da situação financeira do advogado perante a OAB no período de **30 dias** antes da data das eleições, a fim de torná-lo apto a votar;

c) promoção pessoal de candidatos na inauguração de obras e serviços da OAB no período de **60 dias** antes das eleições;

d) a concessão ou distribuição, às Seccionais e Subseções, por dirigente, candidato ou chapa, de recursos financeiros, salvo os destinados ao pagamento de despesas de pessoal e de custeio ou decorrentes de obrigações e de projetos preexistentes, bem como de máquinas, equipamentos, móveis e utensílios, ressalvados os casos de reposição e a convolação de débitos em auxílios financeiros, salvo quanto a obrigações e a projetos preexistentes, no período de **90 dias** antes da data das eleições.

12.8 Comissão eleitoral

A Comissão Eleitoral Nacional será designada pela Diretoria do Conselho Federal, no mês de fevereiro do ano das eleições.

a) **Composição:** a Comissão Eleitoral Nacional será composta por **cinco advogados** e **presidida** preferencialmente por Conselheiro Federal que não seja candidato. Um dos advogados que compõem a Comissão Eleitoral será o Presidente, e os membros não poderão integrar qualquer das chapas concorrentes à eleição.

b) **Função:** a Comissão será o órgão deliberativo encarregado de supervisionar, com função correcional e consultiva, as eleições seccionais e a eleição para a Diretoria do Conselho Federal.

c) **Serviços:** a Comissão Eleitoral utilizará os serviços das Secretarias do Conselho Seccional e das Subseções, com o apoio necessário de suas Diretorias, convocando ou atribuindo tarefas aos respectivos servidores.

d) **Suspeição:** a Comissão Eleitoral publicará a composição das chapas no quadro de avisos das Secretarias do Conselho Seccional e das Subseções, para fins de impugnação. Qualquer advogado poderá impugnar e arguir a suspeição de membro da Comissão Eleitoral, no prazo de **cinco dias úteis** a contar da publicação do edital de convocação das eleições. A arguição de suspeição será julgada pelo Conselho Seccional.

e) **Subcomissões:** poderão ser designadas pela Comissão Eleitoral para auxílio nas atividades nas subseções.

f) **Mesas eleitorais:** serão designadas pela Comissão Eleitoral.

g) **Substituição de membros:** a Diretoria do Conselho Seccional poderá substituir os membros da Comissão Eleitoral nas situações em que, comprovadamente, não estejam cumprindo as suas atividades, em prejuízo da organização e da execução das eleições.

h) **Recursos:** caberá recurso, ao Conselho Seccional, contra decisões da Comissão Eleitoral, no prazo de 15 dias. Das decisões do Conselho Seccional caberá recurso ao Conselho Federal, também no prazo de 15 dias.

Esses recursos possuem apenas o efeito suspensivo.

Resumo

Eleição:

- Advogados regularmente inscritos.
- O comparecimento na eleição é obrigatório.
- A ausência implicará multa de 20% sobre o valor da anuidade.
- Será convocada pelo Conselho Seccional com antecedência de 45 dias e ocorrerá na segunda quinzena do mês de novembro, do último ano do mandato.

Votação:

- Será realizada por chapas.
- Modo direto para os cargos de i) Conselho Seccional, ii) Subseção, e iii) CAA.
- Modo indireto para o Conselho Federal será indireta.

Chapas:

- As eleições para órgãos da OAB deverão ser compostas chapas.
- Não é permitida candidatura isolada e tampouco de candidatos que integrem mais de uma chapa.
- As chapas devem atender a 50% para candidaturas de cada gênero, e no mínimo 30% de candidaturas de candidatos autodeclarados negros.

■ A substituição de integrante da chapa deve ser requerida em caso de desistência, morte ou inelegibilidade.

■ A chapa será registrada com denominação própria.

Doações para campanha:

■ Vedada a doação por: i) pessoas físicas que não sejam advogadas, e ii) qualquer empresa ou pessoa jurídica.

■ Deverão prestar contas.

Eleição:

■ Dar-se-á por maioria dos votos válidos.

Mandatos:

■ Prazo: três anos.

■ **Extinção:**

  □ Ao final do prazo de três anos.

  □ Quando ocorrer qualquer hipótese de cancelamento de inscrição ou de licenciamento do profissional.

  □ Se o titular sofrer condenação disciplinar.

  □ Nas ocasiões em que o titular faltar, sem motivo justificado, a três reuniões ordinárias consecutivas de cada órgão deliberativo do conselho ou da diretoria.

Exercício de cargos:

■ O cargo de conselheiro ou membro de diretoria de órgão da OAB é de exercício gratuito e obrigatório, considerado serviço público relevante.

Divulgação:

■ A ampla divulgação das eleições caberá aos Conselhos Seccionais, em seus meios de comunicação, que não poderão recusar a publicação do programa de todas as chapas.

Propaganda eleitoral:

■ As chapas que praticarem ato de abuso de poder econômico, político e dos meios de comunicação, ou que for diretamente beneficiada, perderão o mandato.

Comissão eleitoral:

- Designada pela Diretoria do Conselho Federal, no mês de fevereiro do ano das eleições.
- Composta por cinco advogados e presidida preferencialmente por Conselheiro Federal.
- Órgão deliberativo encarregado de supervisionar as eleições.

13

Infrações e sanções disciplinares

13.1 Introdução

O Capítulo IX do Título I do EAOAB, no qual estão inseridos os arts. 34 a 43, trata das infrações e sanções disciplinares praticadas por advogados no exercício da profissão.

Por infração disciplinar entende-se a violação às regras de conduta estabelecidas para o regular exercício da profissão de advogado.

13.2 Infrações em espécie

As infrações disciplinares estão previstas no art. 34 do EAOAB e são as descritas a seguir.

> I – exercer a profissão, quando impedido de fazê-lo, ou facilitar, por qualquer meio, o seu exercício aos não inscritos, proibidos ou impedidos;

O exercício da advocacia por aquele que estava impedido de exercê-la (sujeito a impedimento, suspensão, licenciamento, cancelamento, ou por aquele que não é bacharel em Direito) configura a prática de exercício irregular e exercício ilegal de profissão (conduta sujeita à investigação criminal), sem prejuízo de sanções materiais no âmbito da responsabilidade civil.

Além de eventuais penalidades civis e criminais, aquele que incorre no inciso I pode responder pela pena de **censura**.

> **II – manter sociedade profissional fora das normas e preceitos estabelecidos nesta lei;**

A manutenção de sociedade profissional fora das normas estabelecidas no EAOAB implica infração disciplinar. São sociedades mantidas fora das normas, por exemplo, aquelas que, i) embora decorram da associação de dois ou mais advogados, não foram devidamente registradas na OAB (= sociedade de fato sem registro), ii) utilizam denominação fantasia, em desrespeito aos preceitos da OAB para denominação da sociedade, iii) atuem em conjunto com outra atividade com finalidade mercantil, ou iv) mantenham no seu quadro de sócios pessoa não advogada.

Aquele que incorre nesta infração está sujeito à pena de **censura**.

> **III – valer-se de agenciador de causas, mediante participação nos honorários a receber;**

Comete infração disciplinar o advogado que se vale da figura do agenciador de causas para angariar clientes, mediante participação nos honorários que vier a receber. Ou seja, o advogado não pode oferecer participação nos honorários ou aceitar pagar referida participação para aqueles que indiquem o seu trabalho.

A realização dessa atividade implica infração sujeita a pena de **censura**.

> IV – angariar ou captar causas, com ou sem a intervenção de terceiros;

Aquele que angaria ou capta clientes e causas, agindo de forma mercantil, com ou sem a intervenção de terceiros, incorre na prática de **inculcação** ou captação de clientela, o que é vedado pelo EAOAB e pelo CED.

A prática do ato previsto nesse inciso implica pena de **censura**.

> V – assinar qualquer escrito destinado a processo judicial ou para fim extrajudicial que não tenha feito, ou em que não tenha colaborado;

O advogado que assinar documentos e petições não escritas por ele, ou aquelas em que não tenha colaborado, pode vir a responder por sanção disciplinar.

Tal situação se dá tanto para advogados que, para auxiliar colegas que estão impedidos de advogar, assinam petições para eles – e estão sujeitos, portanto, a outras infrações éticas além da prevista neste inciso V, como aquela disposta no inciso I – além daqueles que alegam ter assinado documento que não leu –, elaborado por outra pessoa.

Essa infração é penalizada com **censura**.

> VI – advogar contra literal disposição de lei, presumindo-se a boa-fé quando fundamentado na inconstitucionalidade, na injustiça da lei ou em pronunciamento judicial anterior;

Aquele que advoga contra literal disposição de lei comete a infração disciplinar. Contudo, **presume-se a boa-fé** nas situações em que a atuação for fundamentada na **inconstitu-cionalidade** ou **injustiça da lei**, ou em **pronunciamento judicial anterior**. Tal situação se dá tanto no ajuizamento de ação quanto na interposição de recursos e demais atos realizados no curso do processo.

A atuação contra literal disposição de lei, quando não vier acompanhada de fundamento no qual se presuma a sua boa-fé, implica a pena de **censura**.

VII – violar, sem justa causa, sigilo profissional;

É a violação injusta do sigilo profissional, desprovida de justa causa para tanto, que implica a penalidade aqui tratada. Nas situações em que a violação ao sigilo se dê justificada por justa causa, ela não ensejará infração disciplinar.

A penalidade aplicada nesse caso é a **censura**.

VIII – estabelecer entendimento com a parte adversa sem autorização do cliente ou ciência do advogado contrário;

O advogado que mantém contato com a parte adversa **sem autorização do seu cliente**, ou **sem ciência do advogado da parte contrária**, incorre em infração disciplinar. Dessa forma, o advogado que estiver, por exemplo, em uma negociação de acordo jamais poderá contatar a parte adversa sem ser autorizado para tanto pelo seu próprio cliente e, tendo a parte advogado, o contato não poderá ser realizado sem a ciência de referido patrono.

Claro que a situação poderá ser analisada caso a caso – assim como a de todos os incisos do art. 34 do EAOAB – de modo que, caso o advogado tente diversas vezes contatar o advogado da parte contrária, comprovadamente e sem sucesso, tal situação eventualmente justificaria o contato com a parte adversa sem a ciência do seu advogado, desde que tal contato se limitasse à informação de que precisa conversar com o advogado da parte adversa, sem nenhuma informação complementar ou tratativa sobre o processo.

A prática dessa infração implica pena de **censura**.

> **IX – prejudicar, por culpa grave, interesse confiado ao seu patrocínio;**

O ato do advogado que prejudica o interesse confiado ao seu patrocínio, seja por abandono de processo, desídia, dentre outras situações, incorre na prática de infração disciplinar. Contudo, para que seja considerada infração, a conduta prescinde de **culpa grave** e, caso esta não seja identificada, não haverá que se falar em violação ao EAOAB.

O prejuízo causado por culpa grave do advogado implica a pena de **censura**.

> **X – acarretar, conscientemente, por ato próprio, a anulação ou a nulidade do processo em que funcione;**

O advogado que acarretar, conscientemente e por ato próprio, a nulidade ou anulação do processo pratica a infração prevista no inciso X. Veja que o ato, além de ser próprio do advogado, deve ser consciente, ou seja, o advogado deve agir sabendo que estava atuando para acarretar a nulidade ou anulação do processo. Se o advogado atuou sem a consciência de que haveria a nulidade ou anulação, não haverá que se falar em infração.

A prática deste ato implica a pena de **censura**.

> **XI – abandonar a causa sem justo motivo ou antes de decorridos dez dias da comunicação da renúncia;**

O abandono da causa **sem justo motivo** ou **antes de decorridos 10 dias da comunicação da renúncia** implica infração disciplinar. Veja que o advogado, renunciado ao mandato, responde pelo processo por 10 dias a contar da comunicação da renúncia, salvo situações em que for substituído antes desse prazo. Deste modo, por óbvio, o advogado que for substituído após a renúncia não tem a obrigação de permanecer atuando e, tampouco, responderá por infração disciplinar.

Esta infração é sujeita à pena de censura.

> XII – recusar-se a prestar, sem justo motivo, assistência jurídica, quando nomeado em virtude de impossibilidade da Defensoria Pública;

Nos locais em que não houver defensoria pública ou, naqueles em que há e a defensoria está **impossibilitada** de atuar, constitui infração disciplinar a recusa à prestação de assistência jurídica, **sem justo motivo para tanto**, quando nomeado.

A recusa sem justo motivo em situações em que a Defensoria Pública está impossibilitada de atuar implica a pena de **censura**.

> XIII – fazer publicar na imprensa, desnecessária e habitualmente, alegações forenses ou relativas a causas pendentes;

O advogado que, **desnecessária e habitualmente**, presta informações sobre processos pendentes incorre em infração disciplinar. Isso porque as alegações sobre os processos devem se dar nos autos, e não para a imprensa.

Eventuais informações pontuais e necessárias podem ser prestadas, mas quando essas aparições do advogado para prestar informações sobre determinado processo se deem de forma desnecessária e habitual, implicam a prática de infração disciplinar, sujeita à penalidade de **censura.**

> XIV – deturpar o teor de dispositivo de lei, de citação doutrinária ou de julgado, bem como de depoimentos, documentos e alegações da parte contrária, para confundir o adversário ou iludir o juiz da causa;

Comete infração disciplinar o advogado que deturpa, altera o sentido, de teor de dispositivo de lei, citação doutrinária ou julgado, bem como de depoimentos, documentos ou alegações da parte contrária com o intuito de confundir o adversário ou iludir o juiz da causa, visto que o advogado que assim atua o faz em descumprimento aos preceitos da dignidade da atividade da advocacia.

A penalidade para aquele que atua dessa forma é a **censura.**

> XV – fazer, em nome do constituinte, sem autorização escrita deste, imputação a terceiro de fato definido como crime;

A imputação de fato criminoso a terceiro, na representação do cliente, prescinde da **autorização escrita do constituinte**.

Desse modo, caso o advogado tome tal atitude sem essa autorização, incorrerá na infração descrita no inciso XV do art. 34 do EAOAB, punível com **censura.**

> XVI – deixar de cumprir, no prazo estabelecido, determinação emanada do órgão ou de autoridade da Ordem, em matéria da competência desta, depois de regularmente notificado;

O advogado que deixa de cumprir determinações do órgão ou de autoridade da OAB, depois de regularmente notificado e **no prazo estabelecido pela entidade**, comente infração disciplinar.

A sanção para essa infração será a **censura**.

> **XVII – prestar concurso a clientes ou a terceiros para realização de ato contrário à lei ou destinado a fraudá-la;**

O inciso XVII do art. 34 do EAOAB dispõe acerca dos advogados que prestam concurso a cliente ou terceiros para realização de ato contrário à lei ou com o intuito de fraude, ou seja, aqueles que se associam com alguém com o intuito de prejudicar terceiro. É o caso de lides temerárias ou lides simuladas.

Essa infração é punível com **suspensão**.

> **XVIII – solicitar ou receber de constituinte qualquer importância para aplicação ilícita ou desonesta;**

A solicitação ou recebimento de qualquer importância do constituinte para aplicação ilícita – contrária à lei – ou desonesta – contrária à ética e bons costumes – enseja a caracterização de infração disciplinar. Trata-se de advogado criminoso que pode pretender, desde outros atos, corromper autoridade pública com o dinheiro recebido ou solicitado. Destaca-se, ainda, que a simples conduta de **solicitar** já caracteriza a infração disciplinar, não sendo imprescindível o efetivo recebimento.

A sanção prevista para essa infração será a **suspensão** de 30 dias a 12 meses.

> **XIX – receber valores, da parte contrária ou de terceiro, relacionados com o objeto do mandato, sem expressa autorização do constituinte;**

Este inciso trata como infração disciplinar o recebimento de valores, tanto da parte contrária quanto de terceiros, relacionados com o objeto do mandato, **sem expressa autorização do cliente**. Ou seja, o advogado não pode, por exemplo, firmar acordo com estipulação com a parte contrária dos seus honorários sem expressa autorização do seu cliente.

Além de, nessa situação, o advogado trair a confiança que lhe foi depositada pelo seu constituinte, estará sujeito a infração disciplinar punível com **suspensão** de 30 dias a 12 meses.

> **XX – locupletar-se, por qualquer forma, à custa do cliente ou da parte adversa, por si ou interposta pessoa;**

O **locupletamento** – conduta que implica o enriquecimento ou acréscimo de patrimônio do advogado, sem, necessariamente, considerar-se uma conduta lícita – às custas do cliente ou da parte adversa, por si próprio ou por pessoa interposta, implica infração disciplinar. O locupletamento pode ocorrer em diversas situações, dentre as quais o recebimento de honorários sem a prestação de serviços ou levantamento de alvará em processo sem o regular repasse dos valores para o cliente.

Essa infração é uma das mais comuns e implica **suspensão** de 230 dias a 12 meses.

> **XXI – recusar-se, injustificadamente, a prestar contas ao cliente de quantias recebidas dele ou de terceiros por conta dele;**

O advogado tem o direito e o dever de prestar contas ao seu cliente.

Desse modo, aquele que se recusa, **injustificadamente**, a prestar contas dos valores recebidos do cliente, ou de terceiros por conta do cliente, comete infração disciplinar, sujeita à **suspensão**, que vigerá por no mínimo 30 dias até a efetiva prestação de contas pelo advogado com o pagamento do valor por ele devido ao cliente, se for o caso.

XXII – reter, abusivamente, ou extraviar autos recebidos com vista ou em confiança;

A **retenção** ou **extravio** de autos recebidos pelo advogado com vista ou em confiança, quando se der de forma abusiva, implica infração disciplinar. Contudo, para que seja caracterizada referida infração, é necessário que se comprove o dolo ou culpa (imprudência) no extravio ou retenção, visto que o inciso XXII indica, expressamente, que a infração se dá quando as condutas são realizadas abusivamente.

A sanção para essa infração é a **suspensão** de 30 dias a 12 meses.

XXIII – deixar de pagar as contribuições, multas e preços de serviços devidos à OAB, depois de regularmente notificado a fazê-lo;

O advogado que deixa de pagar, no exercício da sua profissão, e depois de ser regularmente notificado para tanto, as contribuições, multas e preços de serviços devidos à OAB comete infração disciplinar prevista no inciso XXIII do art. 34 do EAOAB.

O cometimento dessa infração implica **suspensão** do advogado por, no mínimo, 30 dias até o efetivo pagamento do valor devido à OAB, atualizado com juros e correção monetária.

XXIV – incidir em erros reiterados que evidenciem inépcia profissional;

O advogado deve, dentre todas as demais obrigações inerentes à advocacia, manter-se atualizado e prezar pela prestação de um serviço de qualidade ao seu cliente, utilizando-se de boas práticas e atentando-se para critérios técnicos e para a escorreita aplicação da lei, mediante utilização das teses adequadas e medidas processuais cabíveis em cada caso. Nesse contexto, o advogado que incide em **erros reiterados** – e grotescos, tanto gramaticais quanto jurídicos – evidencia a sua **inépcia profissional**, o que implica infração de caráter disciplinar.

Nessa hipótese, a infração poderá ensejar a aplicação de **suspensão** de, no mínimo, 30 dias, e até que o advogado seja aprovado em nova prova de habilitação.

XXV – manter conduta incompatível com a advocacia;

O advogado deve sempre zelar pela dignidade da advocacia. Desse modo, aquele que mantêm conduta incompatível com a profissão está sujeito à sanção disciplinar.

As condutas incompatíveis com a advocacia estão previstas – em rol exemplificativo – no parágrafo único do art. 34 do EAOAB, e são as seguintes:

a) **Prática reiterada de jogo de azar, não autorizado por lei.**

b) **Incontinência pública e escandalosa:** do advogado se espera uma postura contida e com a sobriedade que a profissão impõe. Deste modo, aquele que possui conduta escandalosa e incontinente pode incorrer em infração disciplinar, visto que a conduta apresentada se mostra incompatível com a advocacia – e com a dignidade imposta àqueles que a exercem.

c) **Embriaguez ou toxicomania habituais.**

A prática de qualquer dessas condutas entendidas como "incompatíveis" com a advocacia implica a **suspensão** do advogado de 30 dias a 12 meses.

XXVI – fazer falsa prova de qualquer dos requisitos para inscrição na OAB;

Conforme exposto em tópico específico, para que uma pessoa ingresse nos quadros da OAB, nos termos do art. 8º do EAOAB, deve comprovar diversos requisitos, tais como capacidade, aprovação em Exame de Ordem, idoneidade moral, entre outros. Nesse contexto, a apresentação falsa de qualquer dos requisitos para a inscrição de uma pessoa como advogada na OAB implica o cometimento de uma infração disciplinar.

Por se tratar de infração grave, e diante do fato de que, aquele que não preenche cumulativamente todos os requisitos para inscrição nos quadros da OAB não pode atuar como advogado; a sanção aplicada para essa infração é a de **exclusão**.

XXVII – tornar-se moralmente inidôneo para o exercício da advocacia;

A idoneidade, como já estudado anteriormente, é um dos requisitos para a inscrição de um advogado nos quadros da OAB. Nos termos do § 4º do art. 8º do EAOAB, não é idôneo aquele que tenha sido condenado por crime infamante. A partir do momento em que o advogado perde um dos requisitos que o possibilitaram a inscrição nos quadros da OAB ele perde, consequentemente, a habilitação para atuar como advogado.

Portanto, o advogado que se tornar moralmente inidôneo sofrerá sanção de **exclusão** dos quadros da OAB.

XXVIII – praticar crime infamante;

O advogado que praticar crime infamante – crimes contrários à honra, à dignidade e à boa fama de quem o pratica – comete infração disciplinar.

Diante da gravidade do ato praticado, o advogado que comete essa conduta estará sujeito à sanção de **exclusão**.

> **XXIX** – praticar, o estagiário, ato excedente de sua habilitação.

O estagiário poderá responder disciplinarmente pelos atos que praticar, excedentes à sua habilitação. Ao se inscrever nos quadros da OAB, o estagiário poderá realizar determinadas – e limitadas – atividades. Dessa forma, o estagiário que praticar atos excedentes àqueles que lhe são permitidos comete infração disciplinar.

A pena aplicada ao estagiário será a **censura**.

De acordo com o disposto no § 6°-I do art. 7° do EAOAB, constitui infração disciplinar sendo vedado ao advogado efetuar colaboração premiada contra quem seja ou tenha sido seu cliente, e a inobservância desta vedação importará em processo disciplinar, que poderá culminar com a aplicação da exclusão, sem prejuízo de apuração penal.

13.3 Espécies de sanções disciplinares

13.3.1 Censura

A censura é uma espécie de sanção aplicada em infrações consideradas como de natureza leve. São aquelas previstas nos incisos I a XVI e XXIX (estagiário) do art. 34 do EAOAB, e as infrações decorrentes de violação ao CED e ao EAOAB que não possuam penalidade maior aplicada.

A pena de censura é aplicável em infrações que possuem natureza considerada leve, e o advogado, mesmo penalizado, possui autorização para continuar a advogar. E é por isso, pelo fato de o advogado permanecer advogando normalmente, que a pena de censura **não é publicada no diário oficial**, visto que a publicação poderia prejudicar o advogado no exercício das suas atividades. Todavia, a aplicação da censura constará do prontuário do advogado.

Além disso, por se tratar a censura de pena branda, poderá ser convertida em advertência por ofício reservado.

13.3.2 Advertência

A advertência do advogado não constará do prontuário do advogado e, tampouco, apagará a primariedade do advogado para fins de reincidência.

Apenas a censura poderá ser convertida em advertência, e referida conversão se dará, nos termos do art. 36, parágrafo único, do EAOAB, nas infrações puníveis em que há circunstância atenuante, tais como aquelas previstas nos incisos do art. 40 do EAOAB, que compõem rol exemplificativo:

a) **falta cometida na defesa de prerrogativa profissional:** aquele que se excede na defesa das prerrogativas da OAB e, com isso, acaba cometendo infração punível com censura pode ter a pena convertida em advertência;

b) **ausência de punição disciplinar anterior:** o advogado que comete infração punível com censura e é primário pode ter a sanção convertida em advertência;

c) **exercício assíduo e proficiente de mandato ou cargo em qualquer órgão da OAB:** os conselheiros e ex-conselheiros, por exemplo, podem se valer da conversão da censura em advertência;

d) **prestação de relevantes serviços à advocacia ou à causa pública.**

13.3.3 Suspensão

A suspensão é sanção que impede o exercício da advocacia, pelo advogado, em todo território nacional, pelo prazo de 30 dias a 12 meses, de acordo com critérios de individualização da pena, ou até o cumprimento da obrigação que ocasionou a suspensão.

Diante do fato de o advogado ficar impedido de exercer atividades da advocacia no período de suspensão, a sanção deve ser publicada, para o fim de dar publicidade a referido impedimento. O exercício de qualquer atividade pelo advogado no período de suspensão implicará a realização de ato nulo.

Será aplicada a pena de suspensão nas situações em que for cometida infração de natureza considerada grave, como as indicadas nos incisos XVII a XXIV do art. 34 do EAOAB. São situações que ensejam a suspensão do advogado:

XVII – prestar concurso a clientes ou a terceiros para realização de ato contrário à lei ou destinado a fraudá-la;

XVIII – solicitar ou receber de constituinte qualquer importância para aplicação ilícita ou desonesta;

XIX – receber valores, da parte contrária ou de terceiro, relacionados com o objeto do mandato, sem expressa autorização do constituinte;

XX – locupletar-se, por qualquer forma, à custa do cliente ou da parte adversa, por si ou interposta pessoa;

XXI – recusar-se, injustificadamente, a prestar contas ao cliente de quantias recebidas dele ou de terceiros por conta dele;

XXII – reter, abusivamente, ou extraviar autos recebidos com vista ou em confiança;

XXIII – deixar de pagar as contribuições, multas e preços de serviços devidos à OAB, depois de regularmente notificado a fazê-lo;

XXIV – incidir em erros reiterados que evidenciem inépcia profissional;

A suspensão será aplicada, ainda, nas situações em que o advogado for condenado a dois atos punidos com censura (= reincidência na realização de infração disciplinar penalizada com censura).

Prazos da suspensão	
Suspensão de 30 dias a 12 meses	**De 30 dias até o cumprimento da obrigação**
Prestar concurso a clientes ou a terceiros para realização de ato contrário à lei ou destinado a fraudá-la.	Recusa na prestação de contas: de 30 dias até a realização da efetiva prestação de contas.
Solicitação ou recebimento de constituinte qualquer importância para aplicação ilícita ou desonesta.	
Recebimento de valores, da parte contrária ou terceiro, relacionados com o objeto do mandato, sem autorização do constituinte.	Ausência de pagamentos para a OAB: de 30 dias até o efetivo pagamento do valor devido atualizado.

Prazos da suspensão	
Locupletamento ou enriquecimento sem causa.	Inépcia profissional: de 30 dias até a aprovação em novas provas de habilitação.
Retenção ou extravio, abusivo, de autos recebidos.	
Manter conduta incompatível com a advocacia.	

Caso o advogado descumpra a suspensão que lhe foi aplicada, responderá: a) penalmente, pelo exercício irregular da profissão, b) civilmente, pelos prejuízos que vier a causar, e c) disciplinarmente.

Atenção!

■ **Anuidades:** a Súmula n° 3 do Conselho Pleno da OAB dispõe que o pagamento de anuidades é obrigatório até mesmo para os advogados que estão temporariamente suspensos das suas atividades profissionais e dos quadros da OAB.

■ **Suspensão preventiva:** o TED do Conselho da Seccional pode suspender o advogado preventivamente, em caso de repercussão prejudicial de ato por ele praticado à dignidade da advocacia, nos termos do § 3° do art. 70 do EAOAB.

A suspensão poderá ocorrer após oitiva do advogado em sessão especial para a qual tenha sido notificado para comparecimento.

O processo disciplinar deve ser concluído no prazo máximo de **90 dias**.

13.3.4 Exclusão

Será aplicada a sanção de exclusão do advogado dos quadros da OAB nas situações em que for realizada infração de natureza gravíssima, e o advogado não poderá advogar, pois deixará de possuir habilitação para a realização da profissão.

Diante da gravidade do fato e da exclusão de o advogado impedir o exercício da profissão, a situação será publicada para fins de dar publicidade à exclusão ocorrida.

A exclusão do advogado ocorrerá nas hipóteses em que o advogado tiver sido punido com suspensão em três oportunidades e nas situações em que praticar as infrações previstas nos incisos XXVI – falsa prova de requisitos para ingresso nos quadros da OAB; XXVII – tornar-se moralmente inidôneo; e XXVIII – prática de crime infamante, além das hipóteses em que o advogado efetuar colaboração premiada contra quem seja ou tenha sido seu cliente. Ou seja, a exclusão deriva da prática de crimes.

Atenção!

Art. 38, parágrafo único, do EAOAB: "para a aplicação da sanção de exclusão, é necessária manifestação favorável de **2/3** dos membros do Conselho Seccional competente" (grifo nosso).

Como a exclusão implica o cancelamento da inscrição na OAB, o advogado perderá o seu número de inscrição.

13.3.5 Multa

A multa é uma pena acessória que pode ser cumulada com as sanções de censura e suspensão, nas ocasiões em que houver circunstância **agravante**. Diante da já mencionada acessoriedade, a multa jamais poderá ser concedida isoladamente.

Quando aplicável, a multa terá valor variável **entre 1 e 10 unidades** e será recolhida ao Conselho Seccional da inscrição principal do advogado que tiver cometido infração disciplinar.

13.3.6 Reabilitação

Após a sua exclusão – ou ocorrendo qualquer sanção disciplinar –, o advogado poderá se reabilitar e, no caso da exclusão, retornar aos quadros da OAB.

O requerimento para reabilitação poderá ser feito um ano após o cumprimento da sanção imposta – ou seja, a contar da censura, do término do prazo de suspensão, ou da exclusão – em decorrência de provas efetivas de bom comportamento.

Nas exclusões resultantes de **infração penal**, será indispensável que o pedido de reabilitação esteja acompanhado de **reabilitação criminal** decretada por sentença judicial.

13.3.7 Prescrição

A partir do momento em que a infração for **oficialmente constatada**, passará a correr a prescrição e a pretensão punitiva prescreverá em **cinco anos**, contados não da prática do ato ou ciência dos fatos, mas, sim, da constatação oficial.

Há previsão no EAOAB de prescrição intercorrente, ou seja, daquela que ocorre no curso do processo. Será aplicada a todo processo disciplinar que ficar paralisado **por mais de três anos**, pendente de despacho ou julgamento. Nessa situação, o processo deverá ser arquivado de ofício ou a requerimento da parte interessada, sem prejuízo da apuração das responsabilidades pela paralisação.

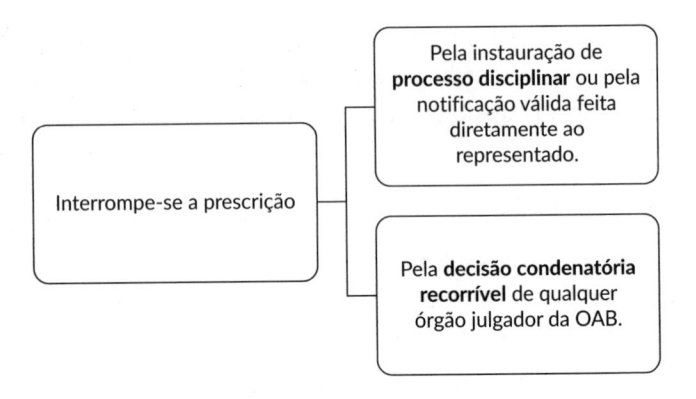

13.3.8 TAC

Nos casos de infração ético-disciplinar punível com censura e nas hipóteses de publicidade profissional inadequada, será admissível a celebração de TAC, se o fato apurado não tiver gerado repercussão negativa à advocacia.[1]

A formalização do TAC poderá se dar nas hipóteses de advogado ou estagiário que não possuir condenação transitada em julgado por representação ético-disciplinar, ressalvados os casos de reabilitação.

O TAC não se aplica às hipóteses em que ao advogado ou estagiário seja imputada a prática de mais de uma infração ético-disciplinar ou conduta que caracteriza violação simultânea de outros dispositivos do EAOAB, além daqueles relacionados à publicidade ou puníveis com censura, bem como aos processos ético-disciplinares com condenação transitada em julgado.

O advogado ou o estagiário interessado na formalização do TAC obrigar-se-á a cessar a conduta objeto do Termo e efeitos da infração, quando for o caso, além de reparar o dano even-

---

[1]. Conforme previsão do Provimento n° 200/2020 do Conselho Federal da OAB.

tualmente causado, bem como a se abster de praticar a mesma conduta no prazo fixado no instrumento correspondente.

A celebração do TAC implicará a suspensão condicional do procedimento ou do processo ético-disciplinar instaurado, pelo prazo de três anos, após o qual será arquivado definitivamente, sem anotações nos assentos profissionais. Será vedada aos advogados ou estagiários beneficiados pelo instituto a celebração de novo TAC nos três anos posteriores à apuração da conduta objeto do TAC.

Em caso de descumprimento dos termos celebrados, o TAC perderá seus efeitos e implicará a retomada dos trâmites do processo disciplinar, e durante o prazo de suspensão previsto no TAC não fluirão os prazos prescricionais.

13.3.9 Informações relevantes

Em regra, quando se fala em um **ato**, a pena será de **censura**. Por outro lado, quando envolver **dinheiro** ou **não agir** (inépcia) a pena será de **suspensão**. Finalmente, sempre que a conduta praticada envolver um **crime**, a pena será de **exclusão**, e dependerá, para tanto, da aprovação de 2/3 do Conselho Seccional.

	Censura	Suspensão	Exclusão
Podem cumular com multa	X	X	
Devem ser publicadas no *Diário Oficial*		X	X
Pode ser convertida em advertência	X		

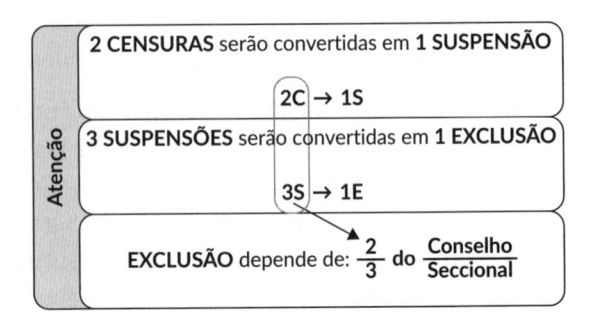

Resumo

Censura:

- ■ Aplicada em infrações leves.
- ■ Pode ser convertida em advertência.
- ■ Pode ser cumulada com multa.
- ■ Não é publicada no *Diário Oficial*.

I – exercer a profissão, quando impedido de fazê-lo, ou facilitar, por qualquer meio, o seu exercício aos não inscritos, proibidos ou impedidos;

II – manter sociedade profissional fora das normas e preceitos estabelecidos nesta lei;

III – valer-se de agenciador de causas, (...);

IV – angariar ou captar causas, (...);

V – assinar qualquer escrito (...) que não tenha feito, ou em que não tenha colaborado;

VI – advogar contra literal disposição de lei, (...);

VII – violar, sem justa causa, sigilo profissional;

VIII – estabelecer entendimento com a parte adversa sem autorização do cliente ou ciência do advogado contrário;

IX – prejudicar, por culpa grave, interesse confiado ao seu patrocínio;

X – acarretar (...) a anulação ou a nulidade do processo em que funcione;

XI – abandonar a causa sem justo motivo ou antes de decorridos dez dias da comunicação da renúncia;

XII – recusar-se a prestar (...) assistência jurídica (...);

XIII – fazer publicar na imprensa, desnecessária e habitualmente, alegações forenses ou relativas a causas pendentes;

XIV – deturpar o teor de dispositivo de lei, de citação doutrinária ou de julgado, bem como de depoimentos, documentos e alegações da parte contrária, para confundir o adversário ou iludir o juiz da causa;

XV – fazer, em nome do constituinte, sem autorização escrita deste, imputação a terceiro de fato definido como crime;

XVI – deixar de cumprir, no prazo estabelecido, determinação emanada do órgão ou de autoridade da Ordem, (...);

(...)

XXIX – praticar, o estagiário, ato excedente de sua habilitação.

Advertência:

- Não constará do prontuário do advogado.
- Não apagará a primariedade do advogado para fins de reincidência.
- Apenas a censura poderá ser convertida em advertência.
- Ocorrerá quando houver circunstância atenuante:
  - falta cometida na defesa de prerrogativa profissional;
  - ausência de punição disciplinar anterior;

☐ exercício assíduo e proficiente de mandato ou cargo em qualquer órgão da OAB;

☐ prestação de relevantes serviços à advocacia ou à causa pública.

Suspensão:

■ Infração de natureza considerada grave.

■ Impede o exercício da advocacia.

■ Prazo de 30 dias a 12 meses (ou até o cumprimento da obrigação que ocasionou a suspensão).

■ Deve ser publicada.

■ Permanece a obrigação de pagamento de anuidade.

■ Poderá ocorrer preventivamente em caso de repercussão prejudicial de ato praticado pelo advogado à dignidade da advocacia (suspensão pelo TED – processo de no máximo 90 dias).

> **XVII** – prestar concurso a clientes ou a terceiros para realização de ato contrário à lei ou destinado a fraudá-la;

> **XVIII** – solicitar ou receber de constituinte qualquer importância para aplicação ilícita ou desonesta;

> **XIX** – receber valores, da parte contrária ou de terceiro, relacionados com o objeto do mandato, sem expressa autorização do constituinte;

> **XX** – locupletar-se, por qualquer forma, à custa do cliente ou da parte adversa, por si ou interposta pessoa;

> **XXI** – recusar-se, injustificadamente, a prestar contas ao cliente de quantias recebidas dele ou de terceiros por conta dele;

> **XXII** – reter, abusivamente, ou extraviar autos recebidos com vista ou em confiança;

> **XXIII** – deixar de pagar as contribuições, multas e preços de serviços devidos à OAB, depois de regularmente notificado a fazê-lo;

> **XXIV** – incidir em erros reiterados que evidenciem inépcia profissional;

XXV – manter conduta incompatível com a advocacia (art. 34, EAOAB).

Exclusão:

- Infração de natureza gravíssima.
- O advogado não poderá advogar.
- Implica o cancelamento da inscrição na OAB.
- O advogado perderá o número de inscrição.
- A infração será publicada.
- Deriva da prática de crime.
- É necessária manifestação favorável de 2/3 dos membros do Conselho Seccional Competente.

XXVI – fazer falsa prova de qualquer dos requisitos para inscrição na OAB;

XXVII – tornar-se moralmente inidôneo para o exercício da advocacia;

XXVIII – praticar crime infamante; e (...) (grifos nossos)

- Art. 7°, § 6°-I, EAOAB – advogado efetuar colaboração premiada contra quem seja ou tenha sido seu cliente.

Multa:

- Pena acessória.
- Podem ser cumuladas a censura e a suspensão.
- Circunstância agravante.
- Valor variável entre 1 e 10 unidades.
- Recolhida ao Conselho Seccional da inscrição principal; do advogado que tiver cometido infração disciplinar.

Reabilitação:

- Implica o retorno do advogado aos quadros da OAB.
- Requerimento feito um ano após o cumprimento da sanção imposta.
- Prescinde de provas efetivas de bom comportamento.

- Quando a sanção decorrer de infração penal, necessitará de prova, também, de reabilitação criminal.

Prescrição:

- A pretensão punitiva prescreverá em cinco anos.
- Contados da constatação oficial.
- Prescrição intercorrente: ocorre no curso do processo que ficar paralisado por mais de três anos, pendente de despacho ou julgamento.

14

Processo disciplinar

14.1 Introdução

Compete, exclusivamente ao Conselho Seccional em cuja base territorial tenha ocorrido a infração, o poder de apurar e punir disciplinarmente os inscritos na OAB, exceto se a infração tiver sido cometida perante o Conselho Federal.

14.2 Aplicação de regras e dispositivos

Em regra, nos processos disciplinares serão aplicadas as disposições do EAOAB, do CED e do RGEAOAB. Subsidiariamente serão aplicadas as regras do processo penal. Nos demais procedimentos administrativos, a aplicação subsidiária será do processo administrativo e, sucessivamente, do processo civil.

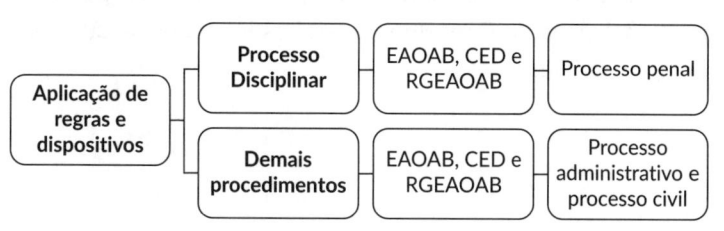

14.3 Prazos

Os prazos dentro do processo administrativo serão contados em dias úteis e da seguinte forma:

- Pauta do TED: 20 dias.
- Relator e revisor juntarem o voto: 10 dias.
- Parecer de admissibilidade: 30 dias.
- Sustentação oral: 15 minutos.
- **Manifestação processual: 15 dias.**

Nos termos do art. 69 do EAOAB, a contagem e a comunicação dos prazos se darão:

a) Nos casos de comunicação por ofício reservado ou de notificação pessoal: a partir do **primeiro** dia útil imediato ao da juntada aos autos do respectivo aviso de recebimento.

b) Por meio de publicação na imprensa oficial do ato ou da decisão: o prazo inicia-se no primeiro dia útil seguinte.

14.4 Competência

Como regra, o poder de punir disciplinarmente os inscritos na OAB **compete exclusivamente ao Conselho Seccional (pelo seu TED) do local onde ocorreu a infração, exceto se a infração for cometida perante o Conselho Federal.**

Portanto, **excepcionalmente**, serão julgados pelos seguintes órgãos do Conselho Federal as infrações de sua competência originária:

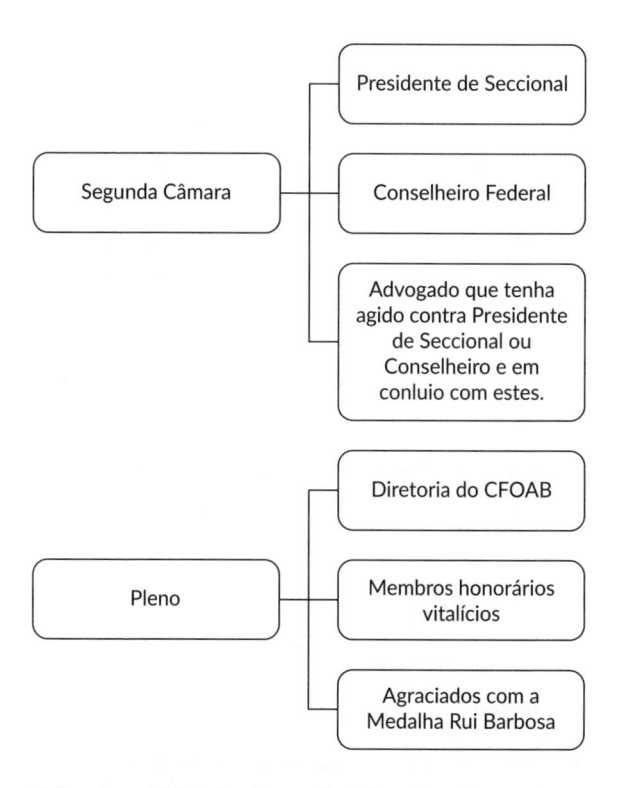

Caberá ao TED do Conselho Seccional competente julgar os processos disciplinares, instruídos pelas Subseções ou por relatores do próprio Conselho.

O TED poderá suspender a aplicação da pena de censura quando o advogado for primário, pelo prazo de 150 dias, para que possa, por exemplo, frequentar um curso de ética.

Atenção!

A decisão condenatória irrecorrível deve ser imediatamente comunicada ao Conselho Seccional onde o representado tenha inscrição principal, para constar dos respectivos assentamentos (art. 70, § 2º, EAOAB).

O TED do Conselho onde o acusado tenha inscrição principal pode **suspendê-lo preventivamente**, em caso de **repercussão prejudicial à dignidade da advocacia**, depois de ouvi-lo em sessão especial para a qual deve ser notificado a comparecer, salvo se não atender à notificação. Nesse caso, o processo disciplinar deve ser concluído no **prazo máximo de 90 dias, e será competente não o Conselho do local de cometimento da infração e, sim, do local da inscrição principal do advogado.**

14.5 Procedimento

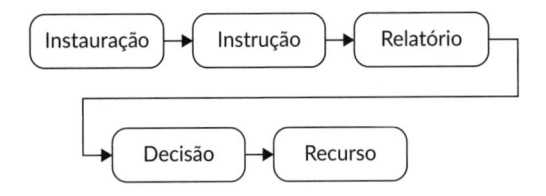

14.5.1 Instauração

A instauração do processo disciplinar poderá se dar mediante requerimento de qualquer pessoa interessada, ou de ofício pela própria OAB.

A instauração de ofício ocorrerá nas situações em que a OAB constatar a prática de infração disciplinar em função do conhecimento do fato, quando obtido por meio de fonte idônea ou em virtude de comunicação da autoridade competente, e o requerimento poderá ser feito por qualquer pessoa interessada, desde que devidamente identificada, visto que é vedada, em qualquer hipótese, a denúncia anônima, por não ser considerada fonte idônea.

Atenção!

O processo tramitará em sigilo até o seu trânsito e poderá ser acessado pelas partes, advogados constituídos nos autos, e autoridade julgadora competente. Se o resultado implicar suspensão e expulsão do advogado, a decisão será publicada. Caso a sanção aplicada seja a de censura, a decisão não será publicada.

14.5.2 Representação

A representação deverá ser formulada ao Presidente do Conselho Seccional ou ao Presidente da Subseção, desde que possua Conselho Pleno, e poderá ser realizada por escrito ou verbalmente. Caso a representação seja feita verbalmente, será reduzida a termo.

Os Regimentos Internos das Seccionais poderão atribuir competência para instauração do processo ético disciplinar ao TED. Nessas situações, a representação poderá ser dirigida ao Presidente do TED ou será encaminhada a ele por qualquer dos dirigentes que a houver recebido.

A representação, nos termos do art. 57 do CED, deverá conter:

- identificação do representante, com a sua qualificação civil e endereço;
- narrativa dos fatos que a motivam, de forma que permita verificar a existência, em tese, de infração disciplinar;
- documentos que eventualmente a instruam e indicação de outras provas a serem produzidas, bem como, se for o caso, o rol de testemunhas, até o máximo de cinco;

■ assinatura do representante ou certificação de quem a tomou por termo, na impossibilidade de obtê-la – lembrando, nesse aspecto, a impossibilidade de representação autônoma.

Após o recebimento da representação, o Presidente do Conselho Seccional ou o da Subseção, quando esta possuir Conselho, designará, por sorteio, um relator entre seus integrantes, que será responsável por presidir a instrução processual do processo disciplinar.

Nos termos do CED, os atos de instrução processual poderão ser delegados ao TED, conforme dispuser o regimento interno do Conselho Seccional, caso em que caberá ao seu Presidente, por sorteio, designar relator.

Antes de os autos serem encaminhados ao relator, serão juntadas a **ficha cadastral do representado** e a **certidão negativa ou positiva sobre a existência de punições anteriores**, com menção das faltas atribuídas. Será providenciada, ainda, certidão sobre a existência ou não de representações em andamento, a qual, se positiva, será acompanhada da informação sobre as faltas imputadas.

Será emitido parecer pelo relator, no prazo de 30 dias, propondo:

a) instauração de processo disciplinar; ou

b) arquivamento liminar da representação.

Atenção!

Não caberá ao relator determinar o arquivamento liminar da representação. Caso ele entenda pelo cabimento do arquivamento, apresentará parecer nesse sentido ao Presidente do Conselho competente ou do TED, e serão estes os responsáveis pela determinação de arquivamento.

Caso não seja observado o prazo indicado, o feito poderá ser redistribuído para outro relator, observando-se o mesmo prazo.

Após a proposta o Presidente do Conselho competente ou do TED proferirá despacho determinando, nos termos do parecer do relator, ou segundo os fundamentos que adotar:

a) declarando instaurado o processo disciplinar; ou

b) determinando o arquivamento da representação.

Atenção!

■ **Representação contra membros do Conselho Federal e Presidentes de Conselhos Seccionais:** processada e julgada pelo Conselho Federal (Segunda Câmara reunida em sessão plenária).

■ **Representação contra membros da diretoria do Conselho Federal, Membros Honorários Vitalícios e detentores da Medalha Rui Barbosa:** processada e julgada pelo Conselho Federal (competente ao Conselho Pleno).

■ **Representação contra dirigente de Subseção:** é processada e julgada pelo Conselho Seccional.

14.5.3 Instrução

Instaurado o processo disciplinar, competirá ao relator determinar a notificação a) dos interessados para prestar esclarecimentos, ou b) do representado para apresentar defesa prévia, no **prazo de 15 dias**, em qualquer caso. A notificação será expedida para o endereço constante do cadastro de inscritos do Conselho Seccional.

Atenção!

Representado não encontrado ou *revel*: nessa situação o Presidente do Conselho competente ou do TED, conforme o caso, designar-lhe-á defensor dativo.

A defesa prévia deverá ser acompanhada dos documentos instrutórios e do rol de testemunhas, indicadas em, no máximo, cinco. Após a sua apresentação, será proferido despacho saneador e, salvo se o relator se manifestar pelo indeferimento liminar da representação, oportunidade em que deverá ser determinado o seu arquivamento, será designada, se for o caso, audiência para oitiva do representante, do representado e das testemunhas.

O representante e o representado levarão suas testemunhas para a audiência independentemente de intimação, exceto se, ao apresentarem o respectivo rol, requererem, por motivo justificado, a notificação delas para comparecerem à audiência de instrução do processo.

O relator poderá determinar a realização de diligências que julgar convenientes, de modo que o processo se desenvolverá por impulso oficial, e somente indeferirá a produção de determinado meio de prova quando esse for ilícito, impertinente, desnecessário ou protelatório, devendo fazê-lo fundamentadamente.

Concluída a instrução processual, o relator proferirá parecer preliminar, que será submetido ao TED, dando enquadramento legal aos fatos imputados ao representado. Antes da decisão, e logo após o encerramento da instrução processual, será aberto prazo comum para apresentação de razões finais em 15 dias.

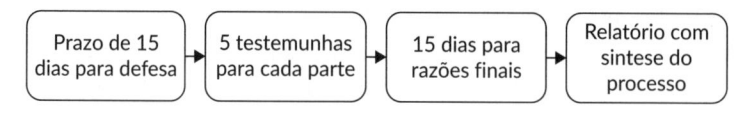

Prazo de 15 dias para defesa → 5 testemunhas para cada parte → 15 dias para razões finais → Relatório com síntese do processo

Atenção!

Nos processos disciplinares que envolverem divergência sobre a percepção de honorários sucumbenciais, entre advogados, deverá ser tentada a conciliação destes, **preliminarmente**, pelo relator, antes mesmo da apresentação de defesa prévia.

14.5.4 Julgamento

Após o recebimento do processo, devidamente instruído, o Presidente do TED designará por sorteio um novo relator para proferir voto.

Atenção!

Se o processo já estiver tramitando perante o TED ou perante o Conselho competente, o **relator não será o mesmo designado na fase de instrução**.

O processo, então, será incluído em pauta na primeira sessão de julgamento após a distribuição ao relator, e o representante e o representado serão notificados, com 15 dias de antecedência, para comparecimento à sessão de julgamento, oportunidade em que será facultada a sustentação oral pelo tempo de 15 minutos, primeiro do representando e, logo em seguida, do representado.

É admitido o julgamento de processos dos órgãos colegiados em ambiente telepresencial. A sustentação oral ou a participação telepresencial será realizada por videoconferência, com a utilização de plataforma disponibilizada pelo Conselho Federal.

Será lavrado um acórdão do julgamento do processo disciplinar, constando, quando procedente a representação:

a) do enquadramento legal da infração;

b) da sanção aplicada;

c) do quórum de instalação e o de deliberação;

d) da indicação de haver sido esta adotada com base no voto do relator ou em voto divergente;

e) das circunstâncias agravantes ou atenuantes consideradas; e

f) das razões determinantes de eventual conversão da censura aplicada em advertência sem registro nos assentamentos do inscrito.

Os acórdãos observarão, ainda, as seguintes regras previstas nos parágrafos do art. 62 do CED:

a) o acórdão trará sempre a sua ementa, que contém a essência da decisão;

b) o autor de voto divergente que tenha prevalecido figurará como redator para o acórdão;

c) o voto condutor da decisão deverá ser lançado nos autos, com os seus fundamentos;

d) o voto divergente, ainda que vencido, deverá ter seus fundamentos lançados nos autos, em voto escrito ou em transcrição na ata de julgamento do voto oral proferido, com seus fundamentos;

e) será atualizado nos autos o relatório de antecedentes do representado, sempre que o relator assim o determinar.

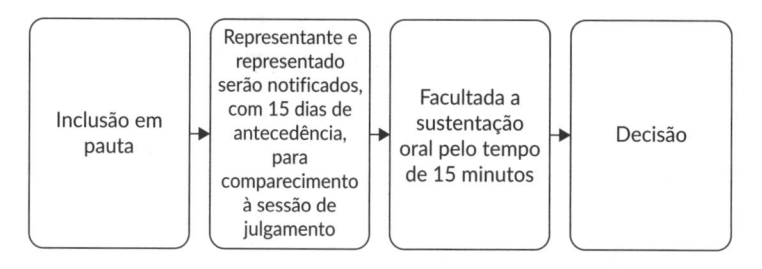

Atenção!

Nos termos do art. 144-B do RGEAOAB, não se pode decidir, em grau algum de julgamento, com base em fundamento a respeito do qual não se tenha dado às partes oportunidade de se manifestar anteriormente, ainda que se trate de matéria sobre a qual se deva decidir de ofício, salvo quanto às medidas de urgência previstas no Estatuto.

14.5.5 Recursos

Das decisões definitivas proferidas pelo Conselho Seccional, que a) não tenham sido unânimes, ou b) se unânimes, contrariem a lei, decisão do Conselho Federal ou de outro Conselho Seccional e, ainda, o regulamento geral, o CED e os Provimentos, **caberá recurso** no prazo de 15 dias.

São legitimados para a interposição de recurso:

a) interessados (representante e representado); e

b) Presidente do Conselho Seccional.

Será cabível recurso ao **Conselho Seccional** de todas as decisões proferidas por a) seu Presidente, b) pelo TED, c) pela diretoria da Subseção, ou d) pela diretoria da CAA.

Os recursos apresentados terão, como regra, efeito suspensivo. Existem apenas três exceções, situações nas quais os recursos não serão dotados de efeito suspensivo, mas, tão somente, devolutivo:

a) quando tratarem de eleições (processo eleitoral);

b) nas situações em que versarem sobre suspensão preventiva decidida pelo TED; e

c) quando tratar de cancelamento da inscrição de advogado ou estagiário em decorrência da apresentação de falsa prova.

A decisão condenatória irrecorrível deverá ser, imediatamente, comunicada ao Conselho Seccional onde o representado tenha inscrição principal, para que conste dos respectivos assentamentos.

14.5.6 Revisão

Além dos recursos, é permitida a revisão de processo disciplinar por erro de julgamento ou por condenação baseada em falsa prova, observando-se, no que couber, o procedimento do processo disciplinar.

- **Legitimidade:** possui legitimidade para requerer a revisão do processo disciplinar o advogado punido com a sanção disciplinar.
- **Participação do representante:** em regra, o representante não será intimado para fazer parte do processo de revisão.

Sua participação apenas será autorizada se o relator entender pela pertinência da intimação em face do risco de dano aos interesses motivadores da representação.

■ **Competência:** a competência para processar e julgar o processo de revisão do processo disciplinar será do órgão que emanou a decisão final condenatória.

■ **Efeito suspensivo:** em regra, a revisão não implica efeito suspensivo do processo. Contudo, os processos poderão ser suspensos em decorrência da relevância dos fundamentos apresentados ou risco de consequências irreparáveis. O efeito suspensivo será concedido pelo relator em sede de tutela cautelar.

Atenção!

Se o órgão competente for o Conselho Federal, a revisão do processo disciplinar será processada perante a Segunda Câmara, reunida em sessão plenária.

O pedido de revisão terá autuação própria, e os seus autos serão apensados aos do processo disciplinar a que se refira.

14.6 TED

O TED é organizado por Turmas, responsáveis pelos processos disciplinares, e por uma Turma deontológica, ou seja, um órgão consultivo para apurar eventuais dúvidas éticas dos inscritos na OAB. Trata-se de órgão que possui como finalidade prezar pela observância dos dispositivos que regulamentam a advocacia.

Os membros do TED serão definidos pelo respectivo Conselho Seccional, e caberá ao TED o julgamento dos processos disciplinares, sendo possível, até mesmo, pelo próprio TED, a suspensão preventiva do advogado, conforme exposto anteriormente.

14.7 Aspectos relevantes

a) **Vedação da utilização de influência na atuação em processo na OAB:** nos termos do art. 33 do CED, salvo em causa própria, o advogado, enquanto exercer cargos ou funções em órgãos da OAB ou tiver assento, em qualquer condição, nos seus Conselhos, não poderá atuar em processos que tramitem perante a entidade nem oferecer pareceres destinados a instruí-los.

Exceção: essa vedação não se aplica aos dirigentes de Seccionais quando atuarem, nessa qualidade, como legitimados a recorrer nos processos em trâmite perante os órgãos da OAB.

b) **Apuração criminal:** a jurisdição disciplinar não exclui a comum e, quando o fato constituir crime ou contravenção, deve ser comunicado às autoridades competentes.

c) **Prescrição:** pretensão prescreve em cinco anos, a contar da constatação oficial do fato. Aplica-se, também, a prescrição intercorrente, nas situações em que o processo ficar paralisado por três anos ou mais.

d) **Reabilitação:** será admitida a reabilitação do advogado i) após um ano do cumprimento da sanção, e ii) mediante comprovação de bom comportamento. Se a infração decorrer de crime infamante, deverá ser realizada, também, a reabilitação criminal.

e) **Devolução do documento de identificação da OAB:** a seccional pode adotar medidas administrativas e judiciais para permitir que o profissional suspenso e excluído devolva a carteira de identificação da OAB, com o intuito de impedir que pratique ato nulo.

Resumo

Prazos:

- Pauta do TED: 20 dias.
- Relator e revisor juntarem o voto: 10 dias.
- Parecer de admissibilidade: 30 dias.
- Sustentação oral: 15 minutos.
- Manifestação processual: 15 dias.
- A contagem e a comunicação dos prazos se darão:
  - Comunicação por ofício reservado ou de notificação pessoal: a partir do dia útil imediato ao da notificação do recebimento.
  - Publicação na imprensa oficial do ato ou da decisão: o prazo inicia-se no primeiro dia útil seguinte.

Competência:

- **Regra:** Conselho Seccional (pelo seu TED) do local onde ocorreu a infração, exceto se a infração for cometida perante o Conselho Federal.
- **Exceção:** Conselho Federal nas infrações de sua competência originária.

Suspensão preventiva:

- Repercussão prejudicial à dignidade da advocacia.
- Oitiva do acusado em sessão especial.
- O processo disciplinar deve ser concluído no prazo máximo de 90 dias.
- Competência do local da inscrição principal do advogado.

Instauração:

- De ofício ou a requerimento.

- Vedada denúncia anônima.
- O processo tramitará em sigilo até o seu trânsito e poderá ser acessado:
  - □ pelas partes;
  - □ advogados constituídos nos autos;
  - □ autoridade julgadora competente.

Representação:

- Direcionada para i) Presidente do Conselho Seccional ou ii) Presidente da Subseção, desde que possua Conselho Pleno.
- Deverá conter:
  - □ identificação do representante, com a sua qualificação civil e endereço;
  - □ narrativa dos fatos que a motivam, de forma que permita verificar a existência, em tese, de infração disciplinar;
  - □ documentos que eventualmente a instruam e a indicação de outras provas a serem produzidas, bem como, se for o caso, o rol de testemunhas, até o máximo de cinco;
  - □ assinatura do representante ou certificação de quem a tomou por termo, na impossibilidade de obtê-la – lembrando, nesse aspecto, a impossibilidade de representação autônoma.

Instrução:

- Competirá ao relator determinar a notificação:
  - □ dos interessados para prestar esclarecimentos;
  - □ do representado para apresentar defesa prévia, no prazo de 15 dias, em qualquer caso.

Revelia:

- O Presidente do Conselho competente ou do TED, conforme o caso, designar-lhe-á defensor dativo.

Procedimento:

- Será apresentada defesa prévia acompanhada dos documentos instrutórios e do rol de testemunhas.

■ Será designada, se for o caso, audiência de instrução.

■ Máximo de cinco testemunhas.

■ Prazo comum para apresentação de razões finais em 15 dias.

Tentativa de conciliação:

■ Nos processos disciplinares que envolverem divergência sobre a percepção de honorários sucumbenciais, entre advogados.

Julgamento:

■ O Presidente do TED designará por sorteio um novo relator para proferir voto.

■ Partes notificadas com 15 dias de antecedência para comparecimento à sessão de julgamento.

■ Sustentação oral pelo tempo de 15 minutos.

Recursos:

■ Das decisões definitivas proferidas pelo Conselho Seccional que:
  □ não tenham sido unânimes; ou
  □ se unânimes, contrariem a lei, decisão do Conselho Federal ou de outro Conselho Seccional e, ainda, o regulamento geral, o CED e os Provimentos.

■ Prazo de 15 dias.

■ São legitimados para a interposição de recurso:
  □ interessados (representante e representado); e
  □ Presidente do Conselho Seccional.

Revisão:

■ Permitida a revisão de processo disciplinar por erro de julgamento ou por condenação baseada em falsa prova, observando-se, no que couber, o procedimento do processo disciplinar.

Referências

BRASIL. *Decreto-lei n° 2.848, de 7 de dezembro de 1940*. Código Penal. Disponível em: http://www.planalto.gov.br/ccivil_03/decreto-lei/del2848compilado.htm. Acesso em: 25.01.2022.

BRASIL. *Decreto-lei n° 5.452, de 1° de maio de 1943*. Aprova a Consolidação das Leis do Trabalho. Disponível em: http://www.planalto.gov.br/ccivil_03/decreto-lei/del5452.htm. Acesso em: 25.01.2022.

BRASIL. *Constituição (1988)*. Constituição da República Federativa do Brasil. Brasília: Senado, 1988. Disponível em: http://www.planalto.gov.br/ccivil_03/constituicao/ConstituicaoCompilado.htm. Acesso em: 25.01.2022.

BRASIL. *Lei n° 8.906, de 4 de julho de 1994*. Dispõe sobre o Estatuto da Advocacia e a Ordem dos Advogados do Brasil (OAB). Disponível em: http://www.planalto.gov.br/ccivil_03/leis/l8906.htm. Acesso em: 25.01.2022.

BRASIL. *Lei n° 9.099, de 26 de setembro 1995*. Dispõe sobre os Juizados Especiais Cíveis e Criminais e dá outras providências. Disponível em: http://www.planalto.gov.br/ccivil_03/leis/l9099.htm. Acesso em: 25.01.2022.

BRASIL. *Lei n° 10.259, de 12 de julho de 2001*. Dispõe sobre a instituição dos Juizados Especiais Cíveis e Criminais no âmbito da Justiça Federal. Disponível em: http://www.planalto.gov.br/ccivil_03/leis/LEIS_2001/L10259.htm. Acesso em: 25.01.2022.

BRASIL. *Lei n° 13.105, de 16 de março de 2015*. Código de Processo Civil. Disponível em: http://www.planalto.gov.br/ccivil_03/_ato2015-2018/2015/lei/l13105.htm. Acesso em: 25.01.2022.

CANDELORO, Ana Paula P.; RIZZO, Maria Balbina Martins de; PINHO, Vinícius. *Compliance 360°*: riscos, estratégias, conflitos e vaidades no mundo corporativo. São Paulo: Trevisan Editora Universitária, 2012.

CHAUI, Marilena. *Convite à filosofia*. São Paulo: Ática, 2000.

CONSELHO FEDERAL DA ORDEM DOS ADVOGADOS DO BRASIL. *Provimento n° 94/2000*. Dispõe sobre a publicidade, a propaganda e a informação da advocacia. Disponível em: https://www.oab.org.br/leisnormas/legislacao/provimentos/94-2000. Acesso em: 25.01.2022.

CONSELHO FEDERAL DA ORDEM DOS ADVOGADOS DO BRASIL. *Provimento n° 135/2009*. Dispõe sobre a marca oficial e os símbolos da Ordem dos Advogados do Brasil, das Caixas de Assistência dos Advogados, da Escola Nacional de Advocacia, das Escolas Superiores de Advocacia, do Fundo de Integração e Desenvolvimento Assistencial dos Advogados, das Comissões e dos demais órgãos da Instituição, e disciplina a sua utilização, bem como a participação da Entidade em eventos. Disponível em: https://www.oab.org.br/leisnormas/legislacao/provimentos/135-2009?search=MARCA&provimentos=True. Acesso em: 25.01.2022.

CONSELHO FEDERAL DA ORDEM DOS ADVOGADOS DO BRASIL. *Provimento n° 144/2011*. Dispõe sobre o Exame de Ordem. Disponível em: https://www.oab.org.br/leisnormas/legislacao/provimentos/144-2011. Acesso em: 25.01.2022.

CONSELHO FEDERAL DA ORDEM DOS ADVOGADOS DO BRASIL. *Provimento n° 146/2011*. Dispõe sobre os procedimentos, critérios, condições de elegibilidade, normas de campanha eleitoral e pressupostos de proclamação dos eleitos nas eleições dos Conselheiros e da Diretoria do Conselho Federal, dos Conselhos Seccionais e das Subseções da Ordem dos Advogados do Brasil e da Diretoria das Caixas de Assistência dos Advogados e dá outras providências. Disponível em: https://www.oab.org.br/leisnormas/legislacao/provimentos/146-2011. Acesso em: 25.01.2022.

CONSELHO FEDERAL DA ORDEM DOS ADVOGADOS DO BRASIL. *Provimento n° 205/2021*. Dispõe sobre a publicidade e a informação da advocacia. Disponível em: https://www.oab.org.br/leisnormas/legislacao/provimentos/205-2021?search=205&provimentos=True. Acesso em: 25.01.2022.

CONSELHO FEDERAL DA ORDEM DOS ADVOGADOS DO BRASIL. *Regulamento geral do Estatuto da Advocacia e OAB*. 1994. Disponível em: http://www.cesa.org.br/_regulamento_geral_do_estatuto_da_advocacia_e_da_oab.html. Acesso em: 25.01.2022.

CONSELHO FEDERAL DA ORDEM DOS ADVOGADOS DO BRASIL. *Resolução n° 02/2015*. Aprova o Código de Ética e Disciplina da Ordem dos Advogados do Brasil – OAB. Disponível em: http://www.oabsp.org.br/tribunal-de-etica-e-disciplina/legislacao. Acesso em: 25.01.2022.